Het p

Pamela v ES

Eveline Crone

Het puberende brein

Over de ontwikkeling van de hersenen in de unieke periode van de adolescentie

2008 Uitgeverij Bert Bakker Amsterdam

Eerste druk oktober 2008
Tweede druk oktober 2008
Derde druk november 2008
Vierde druk november 2008

Omslagontwerp WIM Ontwerpers
Foto omslag Hollandse Hoogte
Foto auteur André van Haasteren, Universiteit Leiden
www.uitgeverijbertbakker.nl
ISBN 978 90 351 3269 6

Uitgeverij Bert Bakker is onderdeel van Uitgeverij Prometheus

Inhoud

1

Adolescentenbrein in beweging

Wat is er met de puber aan de hand?

Waarom staan pubers altijd zo laat op? Waarom blijft het schoolwerk altijd liggen tot het allerlaatste moment? Zo moeilijk is het toch niet om een realistische planning te maken? Waarom rijden ze zo hard op hun brommer zonder helm, met een skateboard over gevaarlijke bruggetjes en komen ze veel later thuis dan afgesproken? Iedereen weet dat het niet verstandig is om zulke onverantwoorde risico's te nemen. Waarom is het nu zo moeilijk om even te bellen als het later wordt? Ze zitten wel urenlang aan de telefoon met vrienden en vriendinnen, maar kunnen niet even de dag doorspreken met hun ouders. Waarom niet?

Deze vragen zijn mij de afgelopen jaren regelmatig gesteld door ouders en leerkrachten wanneer ik op scholen of bij andere gelegenheden lezingen gaf over de werking van de puberhersenen. Tijdens deze lezingen werd duidelijk dat ouders van pubers soms met de handen in het haar zitten en niet begrijpen waarom hun kind, dat voorheen gezellig babbelend aan de keukentafel vertelde wat hij of zij allemaal op school had meegemaakt, zich nu opeens terugtrekt op zijn of haar kamer met de deur op slot, en absoluut geen zin heeft om ook maar een woord te wisselen. Het lijkt wel of het eerst zo gezellige kind een metamorfose heeft ondergaan, en constant in de clinch ligt met zijn ouders en zichzelf.

Ook al weten we allemaal dat er tijdens de pubertijd een ommekeer plaatsvindt in hoe jongeren over zichzelf en over hun ouders denken, het blijft toch moeilijk te begrijpen hoe en waarom dit gebeurt. Ouders worden minder in vertrouwen genomen, jongens en meisjes raken in elkaar geïnteresseerd, maar op een compleet andere manier dan de vriendschappen uit de kindertijd. Alles wordt veel gecompliceerder. Verwarrend voor ouders, maar natuurlijk bovenal voor de puber zelf. En hoewel we deze veranderingen allemaal kennen, blijft het vaak een mysterie wat er precies in die hoofden omgaat.

In het Brain & Development Laboratorium aan de Universiteit Leiden onderzoeken we nu sinds een aantal jaar welke veranderingen er gaande zijn in de hersenen van jongeren tijdens de adolescentie. Voor deze studies vragen we kinderen vanaf acht jaar tot aan volwassenen rond de leeftijd van vijfentwintig jaar om mee te doen aan onderzoeken waarbij we aan hen vragen om taken te maken, computerspellen te spelen, en allerlei informatie over hun interesses en dagelijkse activiteiten te geven. Tijdens het maken van deze opgaven nemen we foto's van hun hersenen, niet alleen om te kijken hoe deze eruitzien, maar ook om te kijken hoe de hersenen werken als de opgaven worden uitgevoerd. Op deze manier nemen we een direct kijkje onder de hersenpan. De bevindingen tonen ons hoe de hersenen van pubers in staat zijn controle uit te oefenen over handelingen en gedachten, hoe zij planningen maken, emoties in bedwang houden, en vriendschappen aangaan. Deze bevindingen bieden een compleet nieuw perspectief op het gedrag en de motivaties van pubers; zij gedragen zich anders dan volwassenen omdat hun hersenen anders werken. De wetenschap gaat wat dit onderwerp betreft met sprongen vooruit, maar helaas is er nog weinig over bekend bij het grote publiek. Ook gebeurt het nog wel eens dat onderzoeksbevindingen te snel vertaald worden, wat grote gevolgen kan hebben als het bijvoorbeeld onjuist wordt geïmplementeerd in een lesprogramma. In dit boek probeer ik stap voor stap onze nieuwste bevindingen uiteen te zetten in een aantal hoofdstukken die gericht zijn op verschillende aspecten van pubergedrag, namelijk het lerende, het emotionele, het sociale en het creatieve puberbrein.

Het boek is niet bedoeld als leidraad voor hoe je als ouder met je puber moet omgaan, maar is bedoeld om meer inzicht te krijgen in puberhersenen en de veranderingen die hierin plaatsvinden. Het is ook niet zo dat het gedrag van de puber nadat u dit boek heeft gelezen opeens verandert; een moeilijke puber is na het lezen van dit boek nog net zo moeilijk! Maar wat wellicht een verschil kan maken, is dat het makkelijker te begrijpen wordt waarom de puber zo onmogelijk doet, zo onzeker is, of zo slecht kan plannen.

Het gebeurt vaak dat wanneer pubers meedoen aan een van onze onderzoeken, de vader of moeder verbouwereerd staat toe te kijken hoe zijn of haar puber die in de auto niks wilde zeggen, nu vrolijk zit te praten met de proefleider en is veranderd van een donderwolkje in een zonnetje. Voor ouders is dit vaak verwarrend. Hoe kan het humeur van hun puber nu opeens zo zijn omgeslagen, en waarom doet hij of zij thuis niet zo gezellig? Voor de onderzoekers is deze reactie heel herkenbaar. Een van onze belangrijkste bevindingen, die in dit boek steeds terug zal komen, is dat de balans tussen de werking van verschillende hersengebieden bij pubers snel kan omslaan van de ene naar de andere kant. Waar voorheen werd gespeculeerd dat bepaalde gebieden in de hersenen bij pubers nog niet volgroeid zijn, toonden wij aan dat het ook gaat om de *communicatie* tussen hersengebieden die bij pubers nog niet optimaal verloopt. Het kan dus zo zijn dat in de auto naar het laboratorium het ene hersengebied nog de overhand had, maar dat aangekomen in het onderzoekslab het andere hersengebied het weer heeft overgenomen. Geen wonder dat de puber zo onvoorspelbaar is.

Alvorens we deze hersenveranderingen gaan bespreken moeten we een belangrijke misvatting over de adolescentie meteen overboord zetten. Onterecht bestaat er de misvatting dat de jeugd van tegenwoordig moeilijker te handhaven is dan vroeger. Roekeloos gedrag, impulsiviteit, gevoeligheid voor de invloed van vrienden, geen respect voor ouders, al deze kenmerken zijn eeuwenoud. Denk maar aan het klassieke puberverhaal van *Romeo en Julia*, dat stamt uit de tijd rond 1500. In Shakespeares *Romeo en Julia*, een liefdesverhaal dat is gebaseerd op een middeleeuwse legende, werd Romeo zo verliefd op Julia dat zij elkaar ondanks de afkeuring van hun ouders bleven ontmoeten. Verschillende roekeloze daden volgden elkaar op, alleen maar om aan hun heftige verliefdheid toe te kunnen geven. Het verhaal eindigt met een catastrofale actie van beide pubers, waarbij Julia net doet alsof zij dood is om op die manier samen met Romeo te kunnen vluchten. Romeo blijkt echter niet in staat om zich in Julia's schoenen te verplaatsen. Hij denkt dat zij echt dood is en vergiftigt zichzelf. Impulsief en ondoordacht, en in overeenstemming met het huidige beeld van de adolescent. Vaak wordt over de huidige generatie pubers gedacht dat die meer problemen veroorzaakt dan eerdere generaties ('De jeugd van tegenwoordig heeft geen respect meer voor gezag' enzovoort). Het verhaal van *Romeo en Julia* toont aan dat dit niet per se zo is, deze kenmerken zijn namelijk van alle tijden. Het ondoordachte gedrag van adolescenten is eerder een kenmerk van een ontwikkelingsfase dan dat het een maatschappelijke ontwikkeling is.

De adolescentie wordt dus vaak niet erkend als een aparte

Jongeren in de adolescentiefase.

en unieke ontwikkelingsfase. Er wordt gedacht dat dit een periode is tussen de kindertijd en volwassenheid waarin jongeren alleen maar lastig of vervelend zijn. Maar het is juist een tijd waarin unieke veranderingen plaatsvinden in intellectuele capaciteiten, emotionele uitspattingen en gevoeligheid voor de mening van leeftijdsgenoten in de naaste omgeving. In dit boek probeer ik deze unieke veranderingen te belichten.

Tot voor kort was de adolescentie een van de slechtst begrepen periodes in de kinderontwikkeling, maar hier is sinds enkele jaren snel verandering in gekomen: de afgelopen tien jaar zijn we met sprongen vooruitgegaan naar een beter begrip van deze bijzondere leeftijdsfase. Door gebruik te maken van geavanceerde meetmethoden kunnen we inmiddels de hersenen in actie bestuderen en dit heeft geleid tot spectaculaire inzichten.

In dit boek wordt uitgelegd dat de adolescentie heel goed te begrijpen is vanuit veranderingen in de ontwikkeling en organisatie van de hersenen, en de invloed die hormonale veranderingen hebben op deze ontwikkeling. Deze veranderingen hebben consequenties voor de manier waarop adolescenten met nieuw te leren informatie omgaan (zoals op school), voor het omgaan met emoties (zoals omgaan met boosheid of verdriet) en voor het aangaan van sociale relaties (zoals in vriendschappen). Communicatie tussen hersengebieden verandert van divers naar efficiënt; hersenbanen die eerst kronkelpaadjes waren, worden snelle vierbaanswegen. De ontwikkeling van de hersenen zorgt voor periodes in de adolescentie waarin het makkelijker of juist moeilijker is nieuwe dingen te leren. Denk bijvoorbeeld aan het leren van een tweede taal, of excelleren in sport of muziek. Als je jong bent is het veel makkelijker om een tweede taal te leren, en adolescenten zijn vaak fysiek in staat om bijzondere sportprestaties te leveren. Belangrijke groeiperiodes in de hersenen worden beïnvloed door veranderingen in een steeds uitdagender sociale omgeving. Adolescenten ontdekken voor welke onderwerpen zij passies hebben, zoals een popgroep of bepaalde games, en bij welke groep of subcultuur zij het beste passen. Al deze veranderingen hebben grote invloed op hoe adolescenten zichzelf zien, hoe zij omgaan met anderen, de aard van hun doelen en belangen, en hoe zij denken over idealen en principes.

Wat is adolescentie?

De adolescentie kan het best omschreven worden als de overgangsperiode van de kindertijd naar de volwassenheid. Het woord adolescentie stamt af van het Latijnse werkwoord *adolescere*, dat opgroeien betekent. De leeftijden die worden gehanteerd voor het beschrijven van de adolescentie zijn verschillend per cultuur, maar over het algemeen beslaat de adolescentie de leeftijdsperiode van tien tot tweeëntwintig jaar. In deze periode maken de hersenen een belangrijke groeispurt door. Er vinden met name grote veranderingen plaats in de organisatie van de hersenen.

Het is belangrijk te weten dat de hersenen bestaan uit verschillende structuren, die ieder een eigen functie hebben. Bijvoorbeeld, om goed te kunnen waarnemen is het belangrijk dat de achterste delen van de hersenen hun werk naar behoren uitvoeren (de visuele cortex), terwijl allerlei vormen van intelligent gedrag, zoals plannen en informatie onthouden, in het voorste gedeelte van de hersenen zitten gevestigd (frontale cortex). Aan het eind van dit hoofdstuk zullen de functies van verschillende gebieden in het brein kort worden uitgelegd.

Op jonge leeftijd zijn deze structuren nog heel flexibel. Dit betekent dat als het ene hersengebied niet beschikbaar is, het nog mogelijk is dat een ander hersengebied de functies van het beschadigde gebied overneemt. Tijdens de ontwikkeling wordt deze flexibiliteit beperkter, omdat de gebieden veel specifiekere functies krijgen. Hierdoor kunnen ze een bepaalde functie veel beter uitvoeren, maar kunnen de gebieden niet zo makkelijk meer voor een andere functie gebruikt worden. Een bekend voorbeeld hiervan is de mate waarin je hersenen compenseren voor uitval, zoals bij epilepsie, of na een ongeluk. Epilepsie – ook wel beschreven als 'de vallende ziekte' – is een aandoening waardoor er abnormale ontlading is van zenuwcellen in de hersenen. Deze ontlading leidt tot een tijdelijke uitval van bewustzijn. Soms kan de epilepsie zo vaak en hevig voorkomen dat dit het functioneren van een persoon compleet verstoort. In deze zeldzame, therapieresistente gevallen wordt overwogen om de bron van de aanval operatief te verwijderen. Bij volwassenen kan dit leiden tot uitval van bepaalde functies, zoals het vermogen te spreken of 'kortetermijn'-informatie te onthouden (afhankelijk van welk gebied wordt beschadigd). Bij jonge kinderen nemen andere hersengebieden deze functies echter veel gemakkelijker over. Het is zelfs mogelijk om op jonge leeftijd de hersenschors (dit is het buitenste gedeelte van de hersenen dat belangrijk is voor complexe vaardigheden) aan één kant te verwijderen, waarna de hersenschors aan de andere kant deze functies overneemt. Nog steeds zullen bepaalde functies aangetast worden, maar de beperkingen ten gevolge van de operatie zullen bij kinderen veel kleiner zijn dan bij volwassenen. De *plasticiteit* is groter bij jonge kinderen dan bij volwassenen, immers, de hersenen zijn nog volop in groei en daardoor erg flexibel.

Niet alle hersengebieden ontwikkelen zich echter met dezelfde snelheid. De snelheid van de veranderingen is bepalend voor de vaardigheden die adolescenten onder de knie krijgen tijdens verschillende fasen in de ontwikkeling. De snelle rijping van sommige hersengebieden, in combinatie met een langzamere rijping van andere, verklaart ook veel van de typische gedragingen van adolescenten. Als het gebied dat belangrijk is voor 'emotionele kicks' bijvoorbeeld in gang wordt gezet, maar het gebied dat belangrijk is voor het temmen van emoties nog aan het rijpen is, dan bevindt de adolescent zich tijdelijk in een 'risicofase'. In deze fase zullen zij eerder geneigd zijn om gevaarlijke acties ondernemen, maar nog niet goed in staat zijn om controle uit te oefenen over deze acties.

Deze risicofase leidde bijvoorbeeld tot een ondoordachte keuze van de vijftienjarige Suzanne. Suzanne is een meisje dat graag met haar vriendinnen uitgaat en houdt van uitdagingen. Een van haar vriendinnen, Tessa, is een echte waaghals en Suzannes ouders hebben daarom liever niet dat Suzanne met haar omgaat. Toen de twee vriendinnen op een avond aan het msn'en waren, stelde Tessa voor om samen een piercing te laten zetten. Suzanne wist dat haar moeder dat een heel slecht idee vond en daarom twijfelde ze of ze het wel zou doen. Maar op een zaterdagmiddag was ze met Tessa aan het winkelen en kwamen ze langs een winkel waar je piercings kon laten zetten. Suzanne en Tessa keken in de etalage naar de verschillende knopjes en bespraken hoe 'cool' het zou zijn als ze maandag op school allebei met een piercing zouden verschijnen. Ze besloten daarom het geld wat ze hadden meegekregen om een nieuwe winterjas te kopen, te besteden aan de piercing. Spannend was het wel en pijnlijk ook, maar de piercing stond fantastisch. Pas onderweg naar huis bedacht Suzanne zich dat ze ook nog thuis moest uitleggen waarom ze niet geluisterd had naar het verbod van haar ouders én waarom ze geen nieuwe jas had kunnen kopen. Het hersengebied wat belangrijk is voor de aansturing van waaghalsgedrag was bij Suzanne op het moment dat ze voor de piercingwinkel stond actiever dan het hersengebied dat ervoor zorgt dat zij nadenkt over de consequenties van haar gedrag. In dit geval leidde dit tot een impulsieve actie, die haar niet in dank werd afgenomen door haar ouders.

Rond 1900 typeerde de beroemde psycholoog Stanley Hall de adolescentie al als een tijd van *Storm and Stress* (naar de Duitse *Sturm und Drang*-beweging). Volgens hem waren drie kenmerken steeds terug te vinden: conflicten met ouders, stemmingswisseling en risicovol gedrag. Dit idee van Storm and Stress heeft veel invloed gehad op het beeld dat ontstond over de adolescentie. Vanaf toen werd eindelijk erkend dat het een unieke levensfase is met zijn eigen problemen en mogelijkheden. Stanley Hall was daarbij ook een groot voorstander van het aanpassen van de schoolsituatie aan de ontwikkeling van de adolescent, wat in die tijd nog helemaal niet vanzelfsprekend was.

De theorie van Storm and Stress is later toch wel wat bijgesteld, want in de praktijk bleek dat adolescenten niet *alleen* maar kommer en kwel ervaren. Ze zijn niet alleen maar opstandig en hebben niet alleen maar conflicten met ouders. Sommige adolescenten hebben zelfs nauwelijks conflicten met hun ouders. De bijstelling was ook wel nodig, want sommige onderzoekers namen een loopje met de Storm and Stress-theorie. Zo was de psychoanalyticus Anna Freud (de dochter van Sigmund Freud) bijvoorbeeld zo gecharmeerd van deze theorie, dat zij beweerde dat de Storm and Stress *nodig* was voor een gezonde ontwikkeling, hoewel dat niet zo is. Toch ervaren veel adolescenten deze Storm and Stress eerder wel dan niet. En als er Storm and Stress voorkomt dan gebeurt dat vaker in de adolescentie dan in een andere levensfase.

Razende hormonen

De pubertijd en de adolescentie worden vaak door elkaar gehaald. Toch is er een duidelijk onderscheid te maken: de pubertijd is een onderdeel van de adolescentie, namelijk de tijd van seksuele volwassenwording. De pubertijd bestrijkt meestal de periode tussen tien en veertien jaar, en ook al begint deze periode tegelijk voor jongens en meisjes, de uiterlijke kenmerken zijn eerder te zien bij meisjes dan bij jongens. De pubertijd wordt vaak beschreven als een lastige tijd, 'puberen' is zelfs een veelgebruikt werkwoord voor opstandig gedrag geworden. Desondanks is de pubertijd een heel normale ontwikkelingsfase, net als de peutertijd en de kindertijd. Bovendien kunnen we het gedrag in deze periode heel goed verklaren aan de hand van de veranderingen in hormonen en hersenverbindingen.

Veel ouders signaleren de veranderingen bij hun kinderen. Zo merkte de moeder van Sam laatst op dat haar zoon – een vrolijke jongen van dertien met veel vrienden – de laatste tijd vaak onzeker is, hoewel hij vroeger nooit moeite had om nieuwe vrienden te maken. Hij heeft steeds meer last van jeugdpuistjes en soms slaat zijn stem opeens over. Meisjes in de klas giechelen hierom, waardoor hij nog meer in de war wordt gebracht. Dit vindt hij vervelend, want vroeger kon het hem helemaal niets schelen wat meisjes vonden. Hij begrijpt zelf ook niet waarom hij er nu opeens verlegen van wordt. Het liefst zou hij willen dat alles weer was zoals vroeger en hij besteedt daarom geen enkele aandacht aan de meisjes. Door alleen met zijn voetbalvrienden op te trekken, hoopt hij dat hij zo het minst last heeft van de onzekerheid.

Verreweg de bekendste biologische veranderingen in de adolescentie vinden plaats onder de invloed van hormonen. Deze bekendheid komt waarschijnlijk voort uit de zichtbare invloed die hormonen hebben op ons uiterlijk: onder invloed van hormonen verandert het kinderlichaam in een volwassen lichaam. Bij meisjes begint de pubertijd rond tien jaar en kenmerkt zich door een aantal belangrijke lichamelijke veranderingen: een groeispurt, de borsten ontwikkelen zich en de heupen worden breder, er ontstaat groei van schaamhaar en okselhaar, en ongeveer zes maanden na het begin van deze uiterlijke veranderingen vindt de eerste menstruatie plaats. Bij jongens is de start van pubertijd doorgaans ongeveer een jaar later zichtbaar en deze kenmerkt zich ook door een groeispurt, groei van de geslachtsorganen, een zwaardere stem en de ontwikkeling van schaamhaar, okselhaar en baardgroei.

De aanzet van deze veranderingen heeft te maken met de afscheiding van geslachtshormonen in de endocriene klieren. Dit zijn klieren die continu via bloedbanen in verbinding staan met een belangrijk gebied in de hersenen, de hypothalamus. Via deze bloedbanen communiceren de hypothalamus en de endocriene klieren steeds over de hoeveelheid hormonen die moet worden afgegeven. De hypothalamus reguleert hierbij de hormoonhuishouding; dit hersengebied

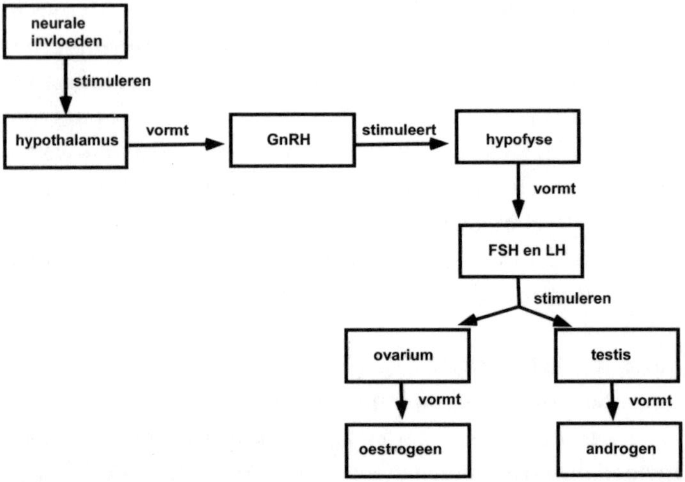

De hypothalamus vormt het 'Gonadotropine Releasing Hormone' (GnRH). Dit hormoon stimuleert de hypofyse, die de gonadotropinen 'Follicle-Stimulating Hormone' (FSH) en 'Luteïnising Hormone' (LH) vormt. Deze gonadotropinen stimuleren het ovarium en de testis die vervolgens oestrogeen en androgeen aanmaken. Deze zorgen onder andere voor veranderingen in het uiterlijk van de adolescent.

meet als het ware het hormoonniveau, en de endocriene klieren krijgen vervolgens een signaal over hoeveel hormonen zij moeten afgeven. Het begin van de pubertijd wordt gekenmerkt door een toename in de afscheiding van het 'Gonadotropine Releasing Hormone' (GnRH). GnRH wordt ook al vóór de pubertijd aangemaakt, maar in veel kleinere mate, waardoor het nog geen invloed heeft op de ontwikkeling van geslachtskenmerken. Een toename in de frequentie en de hoeveelheid afscheiding van GnRH zet de pubertijd in gang.

Kinderen die zwaarder zijn komen gemiddeld eerder in de pubertijd dan lichtere kinderen, en in sommige culturen zet de pubertijd eerder in dan in andere culturen. We veronderstellen op basis daarvan dat de aanzet wordt bepaald door de mate waarin het lichaam klaar is om kinderen te krijgen in een omgeving waarin de overlevingskansen hoog zijn. Zo is in de afgelopen eeuw in de westerse wereld de gemiddelde leeftijd waarop de lichamelijke volwassenheid is bereikt gedaald, wat mogelijk te maken heeft met de kwaliteit van onze voeding en gezondheid.

De toename van de hoeveelheid GnRH-verspreiding wordt dus aangezet door signalen vanuit de hersenen, waarbij de hypothalamus via de bloedbanen een signaal stuurt naar de endocriene klieren die de verspreiding in gang zetten. Met andere woorden, hormonen werken niet op zichzelf, maar in combinatie met de versterkende of remmende signalen vanuit de hersenen. Naast de signalen die ervoor zorgen dat het lichaam zich ontwikkelt, hebben hormonen via hun communicatie met hersengebieden ook grote invloed op hoe we ons voelen en wat we doen. Sam merkt bijvoorbeeld niet alleen dat zijn lichaam verandert, maar hij voelt zich er ook anders onder. De invloed van hormonen is hier tweeledig.

Enerzijds kan een toename in hormoonniveau ervoor zorgen dat cellen in bepaalde hersengebieden tijdelijk extra worden geactiveerd. Deze invloed is niet alleen kenmerkend voor de pubertijd, maar vindt ook nog steeds plaats bij volwassenen. We kunnen ons bijvoorbeeld onder invloed van hormonen moe of sip voelen, of juist heel blij.

Anderzijds hebben hormonen ook een belangrijke organisatorische invloed op de ontwikkeling van de hersenen en deze is wél kenmerkend voor de pubertijd. Tijdens de adolescentie vindt er nog een massale verandering plaats in de structuur van hersengebieden en de communicatie tussen hersengebieden. Het wel of niet voorkomen van een bepaald hormoon kan hierbij leiden tot een blijvende verandering in de werking van de hersenen. Bij bepaalde ontwikkelingsstoornissen wordt de toename van GnRH te laat ingezet, waardoor kinderen niet in de pubertijd komen. Deze aandoening kan worden verholpen met een hormoonbehandeling, waarbij het hormoon dat normaal gesproken in het lichaam moet worden aangemaakt nu extern wordt toegediend. Als deze hormonen worden toegediend tijdens de periode waarin normaliter de pubertijd zou inzetten, dan heeft dit nauwelijks gevolgen voor intellectuele capaciteiten van de adolescent. Echter, wanneer het hormoon niet wordt toegediend, of pas op veel latere leeftijd, dan blijkt dit gevolgen te hebben voor de vaardigheid om bijvoorbeeld ruimtelijke informatie te organiseren, zoals bij het onthouden van een route. Ruimtelijke informatieverwerking is een functie die wordt gereguleerd door een hersengebied in de buitenste delen van de hersenen, en deze hersengebieden groeien nog sterk in de pubertijd.

Kortom, als er bij adolescenten geen hormoonverandering plaatsvindt (waardoor de adolescent niet in de pubertijd raakt) zal deze slechter presteren op bepaalde taken. Dit betekent wederom dat er een belangrijke wisselwerking plaatsvindt tussen hersenfuncties en hormoonhuishouding: ze kunnen niet zonder elkaar. Als de hersenen dus geen signaal aan de endocriene klieren geven dat het GnRH-hormoon aan het werk moet, dan heeft de afwezigheid van het hormoon weer invloed op de ontwikkeling van de hersenen.

Wat hebben deze hormonen nu precies voor invloed op het gedrag van pubers? Het is bekend dat onder invloed van GnRH het lichaam verandert. Dit heeft uiteraard grote gevolgen voor hoe adolescenten zichzelf en anderen waarnemen. Sam is zich bijvoorbeeld veel bewuster geworden van zijn uiterlijk en hij let ook meer op hoe andere jongens en meisjes van zijn leeftijd zich gedragen. Omdat het tijdstip waarop de pubertijd inzet niet voor iedereen gelijk loopt, zijn er in de vroege pubertijd grote verschillen in het uiterlijk van adolescenten. Waar de een al flink in de groeispurt zit en borsten heeft ontwikkeld, kan de ander wel een kop kleiner zijn en nog niks merken van lichaamsveranderingen. Omdat bij meisjes de pubertijd gemiddeld eerder zichtbaar is dan bij jongens, is vooral rond de leeftijd van tien tot twaalf jaar dit verschil heel kenmerkend.

Het tijdstip waarop meisjes en jongens in de pubertijd raken heeft grote invloed op hun sociale identiteit. Meisjes hebben er last van als zij vroeg in de pubertijd raken, ze zijn sneller depressief en eetstoornissen komen vaker voor bij meisjes bij wie de pubertijd vroeg is begonnen in vergelijking met meisjes bij wie de pubertijd laat is begonnen. Jongens hebben echter juist een hogere zelfwaardering en zijn populairder als zij vroeg in de pubertijd komen dan wanneer zij later in de pubertijd komen. De precieze reden voor dit verschil in reactie is nog onbekend. De toename van depressiviteit bij meisjes zou het gevolg kunnen zijn van de hormonen zelf, maar hoogstwaarschijnlijk is het eerder een reactie op de veranderingen die de hormonen teweegbrengen. Door hormonen verandert het lichaam van het meisje en wordt het voller, hierdoor raken meisjes steeds verder verwijderd van het schoonheidsideaal in de media. Een meisje van zestien schrijft op de site www.beperkthoudbaar.info (een interessante site waarin de aandacht voor het houdbare lichaam wordt besproken): 'Ik ben 1,75 lang en 70 kilo, dus ik ben absoluut niet te zwaar maar het vet zit op de verkeerde plekken. Overal waar je kijkt zie je slanke meisjes in skinny jeans, die ik dus niet aankan omdat ze niet om m'n kont en benen heen passen. Ik zit in de klas met drie andere meisjes en die zijn slank en dragen leuke kleren die ik niet pas. Ik wil mijn benenvet graag doneren, ik heb er niks aan en word er ongelukkig van.'

Er zijn grote individuele verschillen in het tijdstip waarop meisjes in de pubertijd komen, daarom heeft het extra lichaamsvet grote invloed op het zelfbeeld van een vroege puber. De vroege pubers voelen zich vaker onzeker omdat ze tijdelijk zwaarder zijn dan hun leeftijdsgenoten. Lijnen helpt vaak niet, wat ook nog ongelukkige gevoelens geeft van falen. Bij jongens wordt een meer volwassen lichaam juist wel gewaardeerd, vandaar dat jongens populairder zijn als ze vroeger in de pubertijd raken.

De directe effecten van de pubertijd zorgen ook voor een verandering in seksuele interesses en fantasieën. Als de adolescent ouder wordt nemen seksuele fantasieën en seksuele activiteit toe. Onderzoek van de Rutgers Nisso Groep in Utrecht (www.seksonderje25e.nl) heeft aangetoond dat 47 procent van de pubers tussen elf en veertien jaar seksuele fantasieën heeft. 50 procent van de pubers heeft op dertienjarige leeftijd wel eens getongzoend. Twaalfjarige jongens hebben meer ervaring met tongzoenen dan meisjes, maar vanaf dertien jaar halen meisjes de jongens al snel in. Vanaf zeventien jaar is er geen verschil meer tussen jongens en meisjes. 50 procent van de pubers geeft aan dat ze op vijftienjarige leeftijd voor het eerst strelen onder de kleding, rond zestienenhalf jaar naakt vrijen, en de leeftijd waarop bij de meeste jongeren voor het eerst coïtus plaatsvindt, is zeventien jaar (meisjes iets eerder dan jongens). Door deze veranderingen in seksuele gedachten en gedrag is een logisch gevolg dat adolescenten zich steeds meer gaan richten op leeftijdsgenoten. Waar in de kindertijd leeftijdsgenoten nog vooral werden gezien als personen om gezamenlijke activiteiten mee te ondernemen, hebben leeftijdsgenoten in de adolescentie een heel andere rol. De vriendschappen worden veel intiemer en zijn meer gericht op vertrouwen en onderlinge beoordeling.

Naast veranderingen in seksuele interesses, zorgen hormonale veranderingen ook voor snellere en sterkere stemmingswisselingen. Hormonen hebben een directe invloed op de werking van de hersenen, en geven de gebieden die belangrijk zijn voor het verwerken van emoties af en toe een sterke boost. Boosheid en blijheid wisselen elkaar snel af. In combinatie met een omgeving die steeds verandert (thuis, school, vrienden) wordt dit effect nog eens extra aangezet. Emoties rijzen soms de pan uit! Toen Suzanne thuiskwam met haar nieuwe piercing verdween al snel het uitgelaten gevoel dat zij en Tessa hadden gehad toen ze met hun nieuwe zilveren aanwinst door de stad liepen. Haar ouders waren teleurgesteld toen ze ontdekten dat Suzanne haar kleedgeld aan een piercing had uitgegeven, waarop zij weer in snikken was uitgebarsten en enorm verdrietig was dat haar ouders niet gewoon blij voor haar konden zijn. Haar stemming sloeg als een blad aan de boom om.

Het is belangrijk te weten dat dit normale veranderingen zijn die horen bij de pubertijd. Een adolescent die niet in de pubertijd komt en op vijftienjarige leeftijd nog steeds tikkertje speelt met kinderen uit de straat is immers moeilijk voor te stellen. Een te laat ingezette pubertijd kan leiden tot beperkingen in allerlei vaardigheden, want de hormoonverandering is nodig om de hersenontwikkeling te stimuleren. Ook horen de veranderingen in sociaal en emotioneel gedrag bij het volwassen worden en het ontwikkelen van een sociale identiteit. Als een adolescent van vijftien nog steeds het liefst alleen optrekt met zijn of haar ouders en geen tijd doorbrengt met leeftijdsgenoten is dat niet goed voor de sociale ontwikkeling. De ontwikkeling tot volwassen lid van de maatschappij is een proces met pieken en dalen, en deze zijn vaak terug te voeren op een hersensysteem dat snel uit balans raakt. De adolescentie is nu eenmaal een periode waarin de hersenen nog volop in groei zijn en emotiesturende hersengebieden hebben het hoogste woord (zie hoofdstuk 3).

Continue jetlag

Suzannes zestienjarige broer Dennis heeft sinds kort een bijbaantje. Hij bezorgt de zaterdagochtendkrant en wil hiermee geld verdienen om op vakantie te gaan naar Spanje. Maar hoe graag hij deze vakantie ook bij elkaar wil verdienen, hij heeft zich al drie zaterdagen achter elkaar verslapen. Hij heeft laatst zelfs twee wekkers gezet maar toch slaapt hij erdoorheen. De eerste twee zaterdagen heeft zijn moeder hem nog gered: toen hij thuis werd opgebeld met de vraag waarom hij niet op het werk was verschenen heeft zijn moeder nog snel de auto gepakt en hem met de krantenwijk geholpen. Gelukkig was de bezorging hierdoor net op tijd. De derde zaterdag had zij echter geen zin meer om hem uit bed te halen. Zij vond dat hij als zestienjarige nu zelf de verantwoordelijkheid moet nemen om op tijd op te staan. Het is echt niet dat hij niet wakker wil worden, maar het lukt gewoon niet om op tijd op te staan.

Laat naar bed gaan, 's ochtends moeite hebben met wakker worden, lang uitslapen in het weekend. Het zijn kenmerken die bijna iedereen zich nog wel kan herinneren uit zijn jeugd. Gedurende de pubertijd geeft het lichaam op een steeds later tijdstip het slaaphormoon melatonine af. Hierdoor vindt er een belangrijke verandering plaats in het bioritme, en daarmee in het slaap-waakritme van de adolescent. Jonge kinderen worden vaak in het begin van de avond al wat slaperig zodat ze rond acht of negen uur moe genoeg zijn om in slaap te vallen. Bij adolescenten echter treedt het slaapsysteem in de avond nog helemaal niet in werking, en hij of zij heeft daarom moeite om in slaap te vallen, tot soms elf of twaalf uur 's avonds. Door de lichamelijke veranderingen in de pubertijd, zoals de groeispurt, heeft het lichaam echter juist meer slaap nodig. Hierdoor komt de puber in een lastig pakket; 's avonds staart hij misschien tot twaalf uur 's nachts naar het plafond, maar

’s ochtends kan hij heel moeilijk wakker worden. Dit kan nog wel eens problemen opleveren. Dennis is bijvoorbeeld bijna zijn baantje kwijtgeraakt omdat hij steeds te laat op het werk verscheen.

Door de problemen die adolescenten hebben met opstaan lijkt het alsof er geen enkel ontzag meer is voor autoriteit wanneer er vroege activiteiten ondernomen moeten worden. Denk bijvoorbeeld aan sportclubs waarbij wedstrijden vaak vroeg beginnen, en de adolescent wordt soms om acht uur ’s ochtends al op het voetbalveld verwacht. Hiertegen komt de puber in opstand. Dit veronderstelde autoriteitsprobleem is niet altijd een vrijwillige keuze en kan simpelweg het gevolg zijn van dat veranderende bioritme. Eigenlijk verkeert de puber in een continue jetlag.

Gemiddeld hebben jonge kinderen tien uur slaap per nacht nodig. Volwassenen voelen zich uitgerust na gemiddeld acht uur slaap per dag, en adolescenten hebben ongeveer negen tot negenenhalf uur slaap nodig. Ze krijgen deze slaap echter bijna nooit, want ’s avonds kunnen ze moeilijk in slaap vallen en ’s ochtends moeten ze vroeg weer naar school. Het risico is dat adolescenten hierdoor chronisch slaaptekort opbouwen. Het slaaptekort bij adolescenten kan weer grote invloed hebben op hun gedrag, waardoor ze in een vicieuze cirkel terechtkomen. Met slaaptekort is het moeilijker om nieuwe informatie te onthouden, of om creatief te zijn. Daarnaast is de pubertijd toch al een periode van grote stemmingswisselingen, en een slaaptekort kan dit erger maken. In extreme gevallen kan slaaptekort leiden tot depressie en tast het het immuunsysteem aan.

In de staat Minnesota in de Verenigde Staten is geëxperimenteerd met latere schooltijden. Waar vroeger de school begon om 7:20 is de aanvang van de eerste les nu op zijn vroegst om 8:30. De eerste resultaten van de school wijzen op hogere cijfers en minder gedragsproblemen. In Nederland wisselen de begintijden op scholen, maar een school die om acht uur 's ochtends begint is geen uitzondering. Zolang er nog vroege schooltijden op de agenda staan, is het belangrijk om het slaaptekort zoveel mogelijk te beperken. De meeste adolescenten hebben er bijvoorbeeld baat bij om in het weekend bij te slapen. Dit is geen opstandig of lui gedrag; de adolescent heeft het nodig om de week erop weer op school te kunnen presteren.

Opgroeien tot volwassen lid van de maatschappij

De periode tussen tien en tweeëntwintig jaar wordt gekenmerkt als een fase van maatschappelijke volwassenwording, en deze periode bestrijkt dus eigenlijk de hele adolescentie. Hierboven werden een aantal kenmerken beschreven die te maken hebben met de inzet van de pubertijd, of de vroege adolescentie (tien tot vijftien jaar). Toch is de adolescent daarna nog niet volwassen; er treden ook in de midden (vijftien tot achttien jaar) en late adolescentie (negentien tot tweeëntwintig jaar) nog een aantal veranderingen op die belangrijk zijn in de weg naar volwassenheid en die we kunnen scharen onder de noemer maatschappelijke volwassenwording.

Allereerst vinden er tijdens de adolescentie belangrijke veranderingen in cognitieve vaardigheden plaats. Cognitie is een veelgebruikt begrip in de psychologie en komt van het Latijnse woord *cognoscere*, dat weten of kennen betekent. Het valt ook te omschrijven als ons 'denkvermorgen'. De cognitieve veranderingen zijn bijvoorbeeld belangrijk voor schoolprestaties. Een van de bekendste ontwikkelingspsychologen, Jean Piaget, veronderstelde in zijn boek *The Origin of Intelligence in Children*, dat we tijdens de kinderontwikkeling steeds complexere kennis kunnen opnemen. De toename in cognitieve vaardigheden hangt samen met veranderingen in executieve functies. Dit zijn zogenaamde 'uitvoerende' functies die belangrijk zijn voor het uitvoeren van complex en doelgericht gedrag. Executieve functies bestaan uit verschillende deelprocessen, zoals de vaardigheid om informatie vast te houden in je gedachten, flexibel te kunnen wisselen tussen regels, en op tijd je handelingen te kunnen stoppen. Door de toename in executieve functies kunnen we steeds beter omgaan met veranderingen in de omgeving als bijvoorbeeld meerdere taken tegelijk moeten worden uitgevoerd of een planning moet worden aangepast. De verschillende executieve functies hebben ieder een eigen ontwikkelingstraject. Maar belangrijk is te weten dat al deze vaardigheden nog verbeteren in de adolescentie en dat we pas goed onze keuzes kunnen plannen als al deze deelvaardigheden met elkaar kunnen samenwerken.

De adolescentie is vooral een belangrijke periode om hypothetisch en kritisch te leren denken; dit zijn belangrijke onderdelen van de executieve functies. Een cruciaal kenmerk van hypothetisch denken is dat je in staat bent om in iemand anders zijn schoenen te gaan staan en iemand anders zijn perspectief te kunnen evalueren. Als adolescenten ouder worden kunnen ze steeds beter nadenken over scenario's als 'hij denkt dat zij denkt dat hij denkt, omdat hij eerder dacht...' Vandaar dat adolescenten ook steeds meer kritiek lijken te hebben, of de discussie aangaan als ze het ergens niet mee eens zijn. Dit is het gevolg van een toenemende capaciteit om argumenten tegen elkaar af te wegen, in samenspel met een toenemende vaardigheid om zich in de ander te kunnen verplaatsen. De hersengebieden die belangrijk zijn voor cognitieve ontwikkeling komen aan bod in hoofdstuk 2.

Naast de ontwikkeling van cognitieve vaardigheden, wordt de adolescentie ook gekenmerkt door veranderingen in de manier waarop met emoties wordt omgegaan en hoe die ten opzichte van de emoties van anderen bestaan. Adolescenten krijgen een ander perspectief op de samenleving. De manier waarop zij zichzelf en anderen waarnemen verandert.

Volgens Michiel Westenberg, een Nederlandse ontwikkelingspsycholoog, doorlopen adolescenten verschillende stadia van sociale ontwikkeling die allemaal bijdragen aan het proces van volwassenwording. Vier van deze stadia zijn vooral belangrijk in de adolescentie. Het eerste stadium, het impulsieve stadium, kenmerkt zich door een combinatie van impulsief gedrag, afhankelijkheid en volgzaamheid. Door het impulsieve gedrag wordt snel toegegeven aan agressieve en seksuele impulsen, maar zijn kinderen ook empathisch ten opzichte van anderen. Adolescenten in dit stadium verwachten van anderen dat zij direct tegemoetkomen aan hun eigen verlangens en behoeften. Van ouders en leerkrachten wordt verwacht dat zij aangeven hoe gehandeld moet worden en dat zij vertellen wat wel en niet mag. Dit betekent ook dat impulsief gedrag nog makkelijk gecorrigeerd kan worden.

Het volgende stadium is het zelfbeschermende stadium. Dit wordt gekenmerkt door zelfredzaamheid en opportunistische relaties. De afhankelijke positie uit het impulsieve stadium wordt ingeruild voor een zelfbeschermende positie, waarin getracht wordt eigen impulsen en emoties de baas te blijven. Gekwetste of angstige gevoelens worden bijvoorbeeld vaak ontkend. In deze fase zijn doelen veelal hedonistisch van aard en vriendschappen worden gevormd op basis van het voordeel dat de adolescent er zelf bij heeft.

Een belangrijke verandering vindt plaats in het volgende stadium; het conformistische stadium. Dit stadium wordt namelijk gekenmerkt door aanpassing, gelijkheid, wederkerigheid en sociaal gedrag. In de vorige stadia was de houding nog voornamelijk egocentrisch, maar in het conformistische stadium zijn de belangen van anderen ook eigen belangen. In de vriendengroep wordt sociaal wenselijk gedrag vertoond en er is een angst voor kritiek of afwijzing. Relaties zijn wederkerig, je moet elkaar leuk vinden en het met elkaar eens zijn bij gezamenlijke activiteiten.

Het laatste stadium is het zelfbewuste stadium, dat wordt gekenmerkt door nadruk op eigenheid, persoonlijke relaties en tolerantie. De adolescent heeft hier meer oog voor eigen gevoelens en wensen, ook als deze niet in overeenstemming zijn met wat in de groep sociaal wenselijk is. Eigenheid en oprechtheid zijn hier belangrijk, en er is besef dat dit kan leiden tot afwijzing door anderen. Wat goed is hangt af van de persoon en omstandigheden; deze fase kenmerkt zich dan ook door grotere tolerantie en flexibiliteit.

De stadia van sociaal-emotionele ontwikkeling zoals beschreven door Michiel Westenberg.

De snelheid waarmee deze fasen worden doorlopen is voor iedereen verschillend en daarom is het moeilijk om leeftijdsgrenzen aan te geven voor ieder stadium. Over het algemeen kan echter wel worden gezegd dat in de leeftijdklasse acht tot elf jaar de meeste kinderen in het impulsieve of het zelfbeschermende stadium zitten, maar dit aantal neemt snel af na de leeftijd van ongeveer twaalf jaar. In de leeftijd van twaalf tot veertien jaar gaan de meeste kinderen over van het zelfbeschermende naar het conformistische stadium en dit stadium piekt rond het zestiende levensjaar, waarna het langzaam afneemt. Het zelfbewuste stadium begint pas te ontwikkelen vanaf ongeveer zestien jaar, en neemt nog toe tot aan ongeveer eenentwintig jaar, waarna het stabiliseert. Rond de leeftijd van eenentwintig tot vijfentwintig jaar zit ongeveer 75 procent van de personen in het zelfbewuste stadium.

We weten inmiddels dat tijdens de periodes die hierboven besproken zijn, belangrijke veranderingen plaatsvinden in de werking en organisatie van de hersenen. Dit betekent dat we nu steeds beter kunnen begrijpen wat de oorzaken zijn voor de veranderingen in sociaal en emotioneel gedrag. In de volgende hoofdstukken worden deze hersenveranderingen beschreven en worden zij gerelateerd aan verschillende pubergedragingen zoals fluctuerende schoolprestaties (hoofdstuk 2), heftige emotionele reacties en hoe adolescenten die emoties onder controle houden (of juist niet) (hoofdstuk 3). Ook zullen de hersengebieden die betrokken zijn bij vriendschappen en relaties besproken worden, en de veranderingen in de aard van vriendschappen (hoofdstuk 4). Het is zeker niet nodig om de adolescentie alleen te zien als een periode waarin jongeren dingen níet kunnen. De adolescentie is namelijk ook een periode van unieke mogelijkheden (hoofdstuk 5).

We kunnen deze veranderingen nu beschrijven in termen van hersenontwikkeling omdat er in de afgelopen tien jaar een enorme vooruitgang is geboekt op dit gebied. Hiervoor waren we namelijk nauwelijks in staat om hersenactiviteit in de ontwikkeling in kaart te brengen. Er werd uiteraard wel veel gespeculeerd op basis van onderzoek bij volwassenen, maar het bleef gissen. Echt meten van hersenactiviteit kan pas sinds een aantal jaar en sindsdien zijn onze meetmethoden en kennis met sprongen vooruitgegaan. Het is dus niet voor niets dat hersenonderzoek de laatste tijd zo in de belangstelling staat. Voordat we naar de hoofdstukken gaan over hersenen en gedrag, daarom eerst wat informatie over de opbouw van de hersenen en hoe het meten van hersenactiviteit in zijn werk gaat.

Opbouw van de hersenen

De hersenen bevinden zich in de schedel van het hoofd en zijn een uiterst complex orgaan. De hersenen bestaan uit tientallen miljarden zenuwcellen (neuronen genaamd) die allemaal in verbinding staan met een groot aantal andere zenuwcellen. Het bijzondere aan deze cellen is dat ze netwerken vormen en met elkaar communiceren. Samen met het ruggenmerg vormen de hersenen het centrale zenuwstelsel.

De hersenen zijn opgebouwd uit grijze en witte stof. De grijze stof bestaat uit cellichamen van zenuwcellen. De ze-

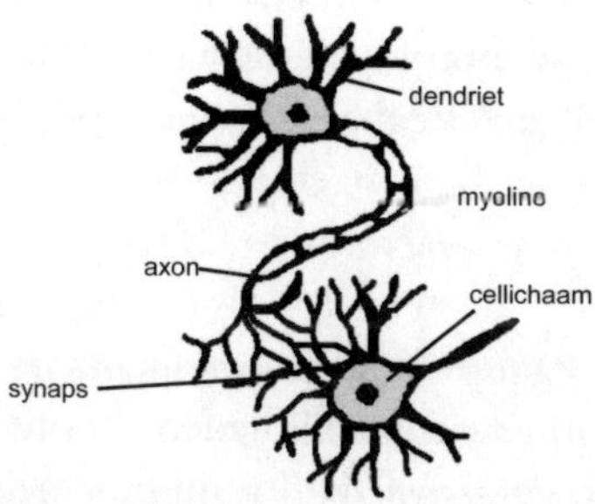

Afbeelding van een hersencel, die bestaat uit een cellichaam, een axon en een dendriet. De axon wordt omgeven door myeline, een geleidende witte substantie. Signalen worden doorgegeven via synapsen, die actiepotentialen genereren. Hiermee wordt informatie van de ene naar de andere hersencel doorgegeven.

nuwcellen genereren actiepotentialen (een golf van elektrische ontlading) en sturen daarmee informatie naar andere cellen. De zenuwcellen worden ondersteund door gliacellen (*glia* = lijm), deze maken myeline aan (een geleidende, isolerende beschermstof), ze zorgen voor behoud van structuur en ze verwerken afval. De witte stof bestaat uit axonen (een soort uitloper van een zenuwcel) die de zenuwcellen over lange afstand met elkaar verbinden.

De hersenen bestaan uit een aantal onderscheidbare onderdelen die ieder weer een eigen functie hebben. Om meer te weten te komen over deze functies, is het belangrijk om onderscheid te maken tussen de verschillende gebieden. Het cerebellum is de structuur helemaal aan de achterkant van de hersenen, dat eruitziet als een soort paddenstoel. Dit gedeelte van de hersenen is betrokken bij het leren van motorische vaardigheden, en is ook belangrijk voor de kracht van motoriek. De pons is een klein gedeelte helemaal aan het eind van het ruggenmerg dat evolutionair de oudste structuur is. De pons stuurt informatie door van de hoger gelegen hersengebieden naar het cerebellum. Boven de pons bevinden zich de middenhersenen. De middenhersenen zijn ook belangrijk voor sensorische en motorische signalen. Voor de middenhersenen bevinden zich de thalamus en hypothalamus. Beide structuren zijn belangrijk voor de regulatie van hormonen en lichaamsfuncties, zoals warmte- en kouregulatie.

Meer naar voren liggen de grote hersenen met de cerebrale cortex (of schors). De cerebrale cortex is een gekronkelde buitenlaag van de hersenen die bij mensen veel verder ontwikkeld is dan bij dieren. Doordat de cortex gekronkeld is, beslaat het een heel groot oppervlakte. De cortex is ongeveer zo groot als twee gebalde vuisten, maar als de cortex helemaal gladgestreken zou worden heeft het de grootte van de diameter van een basketbal. De ontwikkeling van de cortex is fasci-

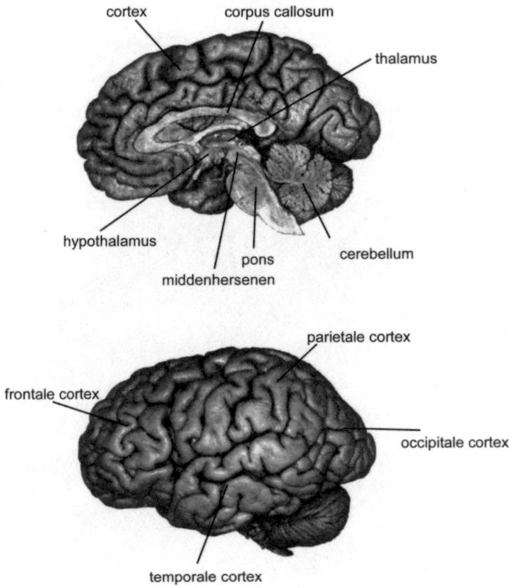

Afbeelding van de hersenen met de belangrijkste structuren. De bovenste afbeelding geeft een dwarsdoorsnede weer, de onderste afbeelding het zijaanzicht van de hersenen.

nerend vanwege zijn grote complexiteit en de belangrijke rol die hij speelt bij het leren van nieuwe informatie.

De cerebrale cortex bestaat uit vier belangrijke delen die vernoemd zijn naar de beenderen waaronder ze liggen; de occipitale (of achterhoofd) cortex, de temporale (of slaapbeen) cortex, de parietale (of wand) cortex en de frontale (of voorhoofd) cortex. De occipitale cortex is voornamelijk verantwoordelijk voor visuele waarneming. De parietale cortex is onder andere verantwoordelijk voor integratie van zintuiglijke informatie en ruimtelijke waarneming. De temporale cortex is vooral belangrijk voor het gehoor, taalfuncties en het geheugen. De frontale cortex, ten slotte, is belangrijk voor intelligent en doelgericht gedrag.

Twee dieper gelegen structuren die samenwerken met de cerebrale cortex in de vorming van gedrag zijn de basale ganglia en de amygdala. De basale ganglia zijn belangrijk voor leren en beloning, en de amygdala is van belang voor het verwerken van emoties.

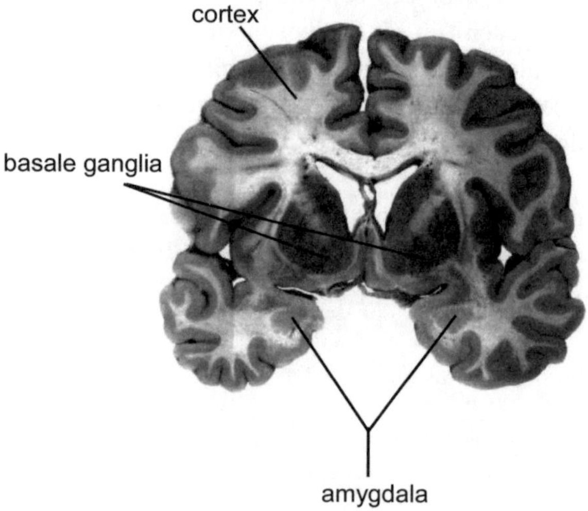

Doorsnede van de hersenen vanaf het vooraangezicht met afbeeldingen van de amygdala, basale ganglia en de cortex.

De cerebrale cortex bestaat uit twee helften, een linker- en een rechterhelft (ook wel hemisfeer genoemd). Deze twee helften staan continu in verbinding via het corpus callosum, een structuur in het midden van de hersenen die tot doel heeft om deze communicatie flexibel te laten verlopen.

De ontwikkeling van de cortex is ook een ingewikkeld proces. De Amsterdamse neuroanatoom Harry Uylings ontdekte dat voor de geboorte, ongeveer zes tot achttien weken na de bevruchting, een enorme hoeveelheid hersencellen wordt aangemaakt (meer dan 200.000 per minuut!). Dit is de periode van de vorming van het brein. De hersencellen starten vanuit een zogenaamde neurale buis, 'reizen' naar verschillende locaties en maken ten slotte verbindingen tussen hersengebieden. De cortex wordt daarom van binnen naar buiten gevormd. Sommige van deze hersencellen hebben al een specifieke functie als ze worden gemaakt en daarvoor is het belangrijk dat ze naar een bepaald gebied reizen. Maar de meeste zenuwcellen zijn erg flexibel en kunnen verschillende functies vervullen. Zij nemen pas hun rol in als ze zijn aanbeland op een uiteindelijke bestemming en gaan samenwerken met de andere zenuwcellen om een bepaalde functie te vervullen.

Het eerste gebied dat wordt aangemaakt is de hersenstam, die ervoor zorgt dat mechanische functies kunnen worden uitgevoerd, zoals de hartslag. De grote hersenen (waaronder de cortex) lopen hier nog achterop. Maar ongeveer vier maanden na de bevruchting is de hele hersenstructuur compleet. Het enige wat nu nog nodig is, is een uitbreiding en het maken van verbindingen. De aanmaak van deze verbindingen vindt ook voor een groot gedeelte plaats na de geboorte, tegelijk met een totale groei van de cortex.

De onderdelen van de cerebrale cortex ontwikkelen zich met verschillende snelheden, en de ontwikkeling van deze structuren gaat gepaard met belangrijke veranderingen in gedrag. Tijdens de ontwikkeling vindt er een grote productie plaats van grijze cellen, gevolgd door een afname. Het klinkt tegenstrijdig, maar een afname in de grijze cellen gaat gepaard met een verbetering van de functies van dat gebied. De overproductie leidt namelijk ook tot inefficiëntie. Gedurende het proces van overproductie worden de cellen die goed werk doen behouden en gaan ze efficiënter werken, en cellen die hun werk niet meer goed doen worden afgevoerd. De celoverproductie en afname verloopt met verschillende snelheden voor de verschillende cortices.

De piek in toename en afname van grijze stof vindt plaats tussen vier en twaalf jaar, maar het eindpunt wordt soms nog niet bereikt tot vijfentwintig jaar! De piek in overproductie vindt bijvoorbeeld vroeg plaats in de visuele cortex (belangrijk voor visuele waarneming), maar veel later in de parietale cortex (belangrijk voor integratie van informatie), in de frontale cortex (belangrijk voor intelligente en doelgerichte acties), en in de temporale cortex (belangrijk voor onder andere taalfuncties). Onderzoekers denken dat het gedrag van kinderen hier sterk door wordt beïnvloed. Deze verschillende ontwikkelingstrajecten verklaren ook waarom kinderen vaardigheden op verschillende tijdstippen aanleren. Soms zijn de hersenen nog niet rijp om een bepaalde vaardigheid te leren.

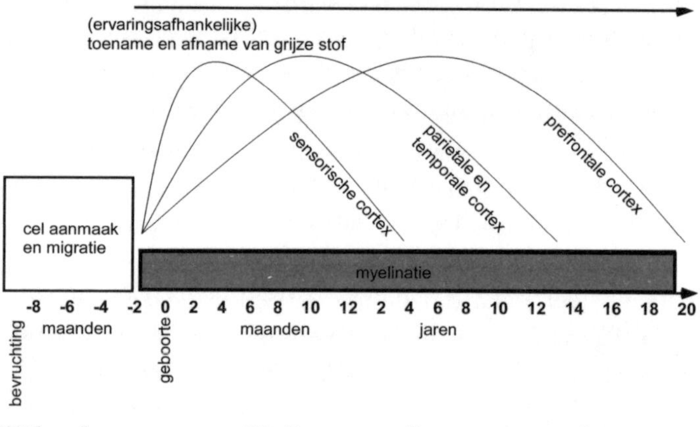

Tijdsverloop van ontwikkeling van grijze en witte stof voor verschillende gebieden in de cortex. De grijze stof piekt en daalt op verschillende tijdsmomenten voor de verschillende cortices. Deze figuur is gebaseerd op Casey et al. (*Trends in Cognitive Science*, 2005).

In tegenstelling tot de grijze stof die een toe- en afname laat zien, neemt de witte stof lineair toe tot de vroege volwassenheid. In de grijze stof worden actiepotentialen gegenereerd die door de witte stof beschermd en getransporteerd worden.

De witte stof zorgt daarmee voor een goede communicatie. Via zogenaamde boodschappers, ook wel neurotransmitters genoemd, wordt informatie tussen cellen uitgewisseld. Deze boodschappers kunnen een activerende functie hebben, waardoor bepaalde cellen harder gaan werken, maar kunnen ook een remmende (of inhiberende) functie hebben, waardoor cellen minder hard gaan werken. De hoeveelheid en werking van de boodschappers verandert ook nog tot vijftien à zestien jaar.

Voor sommige gebieden in de hersenen bestaat een zogenaamde 'gevoelige periode'. Dit is een specifieke periode waarin het brein extra flexibel is, of extra plastisch. Het is daarom ook een periode waarin een beschadiging of een tekort aan stimulatie de grootste negatieve effecten kan hebben. Bijvoorbeeld, als een kind voor de geboorte wordt blootgesteld aan alcohol of nicotine heeft dit effect op zijn latere mentale vaardigheden. Maar ook na de geboorte zijn de hersenen in bepaalde periodes extra gevoelig. Het is bijvoorbeeld belangrijk dat gebieden in de occipitale kwab in de vroege ontwikkeling gestimuleerd worden door de aanbieding van visuele informatie. Gebeurt dat niet dan verliezen deze gebieden hun functie. Dit komt doordat er lange verbindingen moeten worden gevormd tussen de ogen (waar de informatie binnenkomt) en de occipitale kwab (waar de informatie wordt verwerkt). Het zou daarom heel slecht zijn als een kind compleet in het donker opgroeit: bepaalde delen van de visuele cortex zullen hun taak dan nooit meer naar behoren kunnen doen.

In een bepaalde periode zijn de hersenen dus het best uitgerust om verbindingen te leggen, maar als dit niet in die periode gebeurt, wordt het daarna erg moeilijk omdat er veel competitie is tussen cellen in het leggen van verbindingen. Een herkenbaar voorbeeld hiervan is het grammaticaal correct aanleren van een tweede taal. Dit moet gebeuren in een bepaalde tijd in de ontwikkeling. Daarna lukt het vaak nog wel om de tweede taal onder de knie te krijgen, maar nooit meer zonder accent. Sommige gebieden hebben een relatief korte gevoelige periode (zoals de visuele gevoeligheid) terwijl andere een langere gevoelige periode hebben (zoals de taalgevoeligheid). Voor weer andere gebieden is de gevoelige periode niet zo sterk aanwezig, of deze duurt veel langer. Dit geldt ook voor de gebieden die belangrijk zijn voor het leren van nieuwe informatie, zoals dat op school gebeurt.

Een kijkje onder de hersenpan

De techniek om de hersenen van levende mensen te onderzoeken is pas in de afgelopen eeuw ontwikkeld, maar de werking van de hersenen wordt al veel langer bestudeerd. Vóór de uitvinding van technieken om het levende brein te bestuderen waren onderzoekers aangewezen op patiënten met hersenbeschadiging door een tumor, een kogelwond of een andere vorm van hersenletsel. De effecten van hersenbeschadiging, hoe dramatisch ook voor de patiënt, hebben ons enorm veel inzicht gegeven in de werking van de hersenen. Neuropsychologen hebben bijvoorbeeld tijdens de Eerste en Tweede Wereldoorlog belangrijke ontdekkingen gedaan over de werking van de hersenen. Zij bestudeerden grote aantallen soldaten met beschadiging aan het hoofd en onderzochten wat zij wel en niet meer konden. Na het overlijden van deze patiënten kon vervolgens onderzocht worden welke hersengebieden precies beschadigd waren. Op die manier werd duidelijk wat de functies waren van een hersengebied. Met andere woorden, het werd duidelijk welke beschadigingen uitval in gedrag hadden veroorzaakt.

Nog steeds wordt deze manier van onderzoek doen veel toegepast, alleen is het tegenwoordig niet meer nodig om te wachten tot het overlijden van de persoon om te weten welk hersengebied beschadigd is. Met behulp van hersenscantechnieken, zoals Magnetic Resonance Imaging (MRI) of Computed Tomography (CT), kan de structuur van de hersenen met precisie in kaart worden gebracht. Wanneer we weten met welke taken een patiënt moeite heeft (bijvoorbeeld gezichten herkennen, of objecten benoemen) en we weten ook welk gebied van de hersenen precies is beschadigd, dan kunnen we veronderstellen dat het beschadigde gebied noodzakelijk is voor het uitvoeren van de taak. Maar hoe meten we hoe de hersenen werken bij gezonde mensen zonder hersenbeschadiging? Of bij kinderen?

We weten dat de hersenen zo'n 100 miljard zenuwcellen hebben die elk verbonden zijn met honderden, soms duizenden andere cellen. Uitzoeken welke zenuwcellen belangrijk zijn voor het uitvoeren van een bepaalde taak is een lastig karwei. Wetenschappers hebben de afgelopen eeuw echter twee belangrijke methodes ontwikkeld, die ons hierbij kunnen helpen.

In de jaren dertig werd de elektro-encefalograaf (eeg) ontwikkeld. Een eeg-apparaat werkt met elektrodes die op de oppervlakte van de schedel worden geplakt, en waarmee kleine veranderingen in de werking van de hersenen kunnen worden gemeten. Als zenuwprikkels gelijktijdig 'vuren', dan resulteert dit in zwakke stroomsignaaltjes die kunnen worden opgepikt met het eeg-apparaat. Een groot voordeel van deze methode is dat je op de milliseconde nauwkeurig kunt meten wanneer de zenuwcellen actief worden. Maar omdat we aan de oppervlakte meten, namelijk op de schedel, weten we nog niet precies wáár in de hersenen de activiteit vandaan komt.

Het brein kan daadwerkelijk in beeld worden gebracht met de tweede belangrijke methode om hersenactiviteit te meten, namelijk met behulp van MRI. Met MRI kunnen we de structuur van de hersenen onderzoeken. Met fMRI (de f staat voor functioneel) kunnen we de activiteit van hersengebieden onderzoeken, met andere woorden: kijken naar de hersenen in actie. Dat werkt als volgt. We weten al sinds lange tijd dat een toename van zuurstof in bepaalde gebieden van de hersenen aangeeft dat deze hersengebieden hard aan het werk zijn. We kunnen deze toename van zuurstof in kaart brengen met behulp van MRI. Deze techniek meet de toename van zuurstof binnen korte tijd met behulp van magnetische gevoeligheid van zuurstofdeeltjes. Kort gezegd komt het principe hierop neer: als een gebied erg hard moet werken (bijvoorbeeld wanneer we onze armen bewegen moet een gebied in de hersenen dat belangrijk is voor motorische controle aan de slag), dan stroomt er veel bloed naar die gebieden. Een onderdeel van deze bloedstroom wordt gevormd door rode bloedlichaampjes. In deze rode bloedlichaampjes zit een eiwit dat hemoglobine heet. Hemoglobine heeft als eigenschap dat het zuurstof absorbeert. Wanneer het zuurstofgehalte in de hemoglobine verandert, gaat dit gepaard met een verandering van de magnetische eigenschappen van de hemoglobine en dit is een signaal dat de MRI-scanner oppikt. Deze detectoren meten eigenlijk de verhouding tussen zuurstofrijke en zuurstofarme hemoglobinedeeltjes. Deze verhouding wordt het 'Blood Oxygen Level Dependent' (BOLD)-signaal genoemd. Het BOLD-signaal is dus eigenlijk het signaal dat wij meten.

Een groot voordeel van deze techniek is dat het niet nodig is om de schedel te lichten om een kijkje te nemen in de hersenen. Ook maakt MRI geen gebruik van potentieel schadelijke röntgenstralen. De persoon die een MRI-scan krijgt merkt hier verder niks van, en de ongemakken zijn minimaal. Hierdoor is de MRI-scanner uitermate geschikt voor onderzoek naar hersenactiviteit bij kinderen. Tegenwoordig wordt MRI-onderzoek zelfs gedaan bij kinderen vanaf vier jaar. De komst van MRI heeft ons een rijkdom aan kennis opgeleverd, hoewel het slechts een topje van de ijsberg is. Als we denken aan de geavanceerde technische toepassingen die in de komende jaren ongetwijfeld ontwikkeld gaan worden, dan belooft dit een enorm spannende en uitdagende tijd te gaan worden voor wetenschappers en iedereen die geïnteresseerd is in de ontwikkeling van de hersenen bij kinderen en adolescenten.

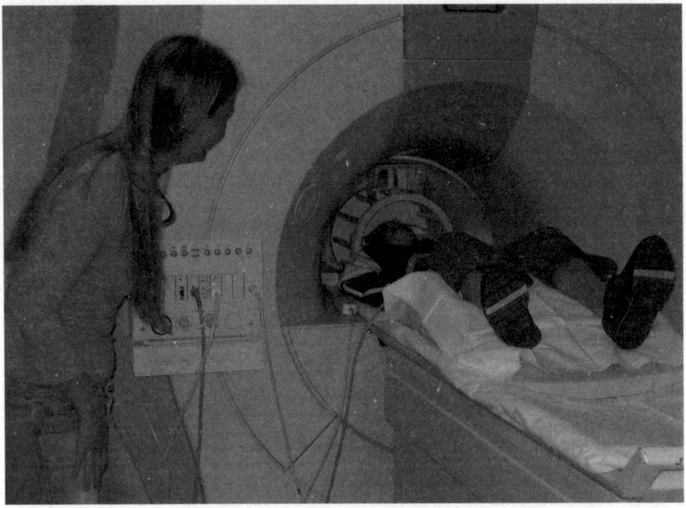

Linda van Leijenhorst, medewerker van het Brain & Development Laboratorium in Leiden, legt een deelnemer in de MRI-scanner. Foto: Mariette Huizinga.

In het Brain & Development Laboratorium werken onderzoekers ook met de techniek fMRI, voor meer informatie over deelname aan onderzoek kunt u onze website bezoeken: www.hersenen-in-actie.nl. Het Brain & Development Laboratorium werkt samen met verschillende onderzoekers van de Universiteit Leiden binnen het Leiden Institute for Brain & Cognition (LIBC: www.libc-leiden.nl).

2

Het lerende brein

De opkomst van educational neuroscience

Hoe maak je een moeilijke rekensom? Waarom kunnen we zo makkelijk een tweede taal leren als we jong zijn, maar niet meer als we ouder zijn? Waarom zijn sommige kinderen slimmer dan andere? We begrijpen inmiddels steeds beter dat al deze vaardigheden te maken hebben met de werking van specifieke gebieden in de hersenen. In de laatste paar jaar is er steeds meer aandacht geweest voor de kennis over de hersenen enerzijds, en wat we van jongeren verwachten op school anderzijds. Dit heeft geleid tot een geheel nieuw onderzoeksveld, dat 'educational neuroscience' wordt genoemd. Het mooie van deze nieuwe stroming is dat er wordt geprobeerd om ideeën van leerkrachten, leerlingen, onderwijsdeskundigen en hersenwetenschappers samen te voegen, om zo gezamenlijk te proberen de leersituatie op scholen zoveel mogelijk aan te passen aan de mogelijkheden van de adolescent.

Suzanne zit nu op de havo en haalde tot vorig jaar goede cijfers. Het afgelopen jaar is het helaas wat minder goed gegaan. Suzanne wil wel graag over, maar als ze thuiskomt van school zijn er vaak andere dingen die haar aandacht vragen. Eerst even bellen met haar vriendin, nog even op de msn, een nieuw truitje kopen bij de H&M, en 's avonds is er alweer hockeytraining. Leren voor het proefwerk van natuurkunde gaat dan even tussendoor. En, helemaal vergeten, de opdracht voor Engels moet ook nog af, bovendien is er morgen een discussiebijeenkomst voor geschiedenis die ze nog moet voorbereiden. Als ze zich voor een van de opdrachten inzet lukt het eigenlijk heel goed, maar alles bij elkaar wordt het soms wat veel. Het lukt niet eens om het allemaal in haar agenda op te schrijven, laat staan uit te vinden wat al die krabbels ook alweer betekenen. Toch wordt er op school van haar verwacht dat ze een zelfstandige planning maakt van haar schoolwerk, want dan kan ze alvast oefenen voor de zelfstandigheid die wordt vereist bij een vervolgopleiding. Suzanne wil wel, maar het lijkt wel of haar hersenen nog niet goed meewerken.

En dat is nu ook precies het probleem. Natuurlijk, door nieuwe ervaringen kun je ervoor zorgen dat de hersenen zich ontwikkelen en je kunt de hersenen ook trainen, maar we weten nu ook dat in de adolescentie de hersenen nog volop in ontwikkeling zijn. Er is daarom ook een limiet aan hoeveel zelfstandigheid je van het adolescentenbrein kunt verwachten. Juist díe hersengebieden die belangrijk zijn voor het maken van een goede planning, hebben in de adolescentie hun volwassenenstatus nog niet bereikt. Deze rijpen nog en de communicatie tussen deze verschillende hersengebieden is nog niet optimaal. Dus als Suzanne zelfstandig haar schoolwerk moet plannen, en dat bovendien moet combineren met veel afleiding buiten school, kunnen haar hersenen dat simpelweg nog niet aan. Het is erg jammer als zij blijft zitten terwijl ze wel slim genoeg is om over te gaan; het loopt mis op de zelfstandige planning. In dit hoofdstuk bespreken we wat er allemaal nodig is voor een goede planning, welke hersengebieden hierbij betrokken zijn en hoe deze hersengebieden rijpen.

Voor het maken van een goede planning is een aantal *cognitieve vermogens* nodig. Dit zijn de zogenaamde kennisvermogens, die ons in staat stellen om toekomstige doelen te bereiken en intelligent gedrag uit te voeren. Om de werking van en veranderingen in cognitieve vermogens te begrijpen richten we ons in dit hoofdstuk op de cortex – de buitenste gekronkelde laag van de grote hersenen (zie ook hoofdstuk 1).

Sommige hersengebieden hebben een enkele, heel specifieke functie; zo is bijvoorbeeld een gebied in de onderste hersenen (de hypothalamus) belangrijk voor het reguleren van ons bioritme. Bij de cortex is dit wat ingewikkelder. Veel functies die door de cortex worden gestuurd, maken gebruik van verschillende subgebieden binnen de cortex, voornamelijk omdat deze functies zo complex zijn. Om een goede planning te maken moet je allerlei verschillende vaardigheden hebben. Als we teruggaan naar het voorbeeld van Suzanne dan wordt duidelijk dat zij veel dingen tegelijk moet kunnen om haar dagelijkse schoolwerk af te krijgen. Ze moet ervoor zorgen dat ze goed opschrijft in haar agenda wat er van haar verwacht wordt. Daarvoor is het nodig de belangrijkste informatie te halen uit een mogelijk breed geformuleerde opdracht. Het is dan belangrijk niet afgeleid te raken door iets anders wat in de klas gebeurt (pratende medescholieren, of een schoolbel die afgaat), want dan is ze de opdracht alweer kwijt. Daarnaast moet zij ervoor zorgen dat zij tijdens het maken van haar huiswerk haar aandacht niet laat verslappen (geconcentreerd werken), en onbelangrijke afleidingen negeren (sms'jes die binnenkomen). Ten slotte is het nodig om flexibel tussen verschillende opdrachten te kunnen wisselen. Als ze voor vijf vakken huiswerk moet maken dan kan zij het zich niet veroorloven om tot elf uur 's avonds met de eerste opdracht bezig te zijn. Al met al is plannen dus een behoorlijk complexe

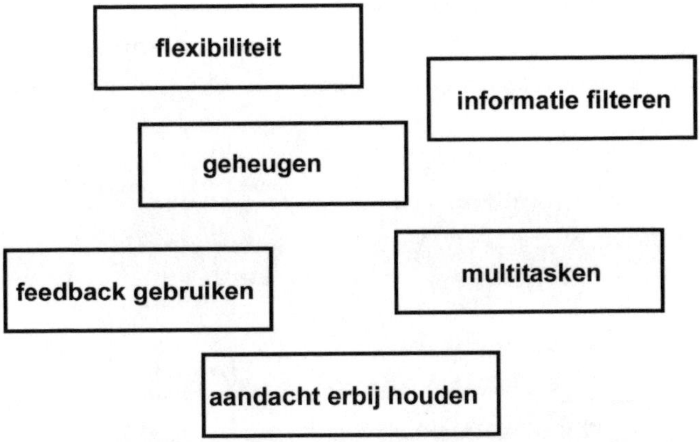

Plannen vraagt een goede samenwerking tussen verschillende controlefuncties.

aangelegenheid, waarvoor je in staat moet zijn om prioriteiten tegen elkaar af te wegen en afleidingen te weerstaan, zodat je je langetermijndoelen kunt bereiken. Hier is dan ook een groot aantal hersengebieden voor nodig.

Goed plannen wordt voor een groot gedeelte gestuurd door de frontale cortex. Dit gedeelte van het brein zit vooraan in onze schedel en bestrijkt ongeveer een derde van de cortex. Het is dus een flink groot gebied, met ook weer veel subgebieden en connecties.

Omdat de cortices zo groot zijn, maken we vaak gebruik van aanduidingen die de plaats in de cortex weergeven. De eerste plaatsbepaling betreft de superior-inferior-bepaling, waarbij superior 'bovenste' betekent en inferior 'onderste'. De tweede plaatsbepaling is de ventraal-dorsaal-bepaling, waarbij ventraal verwijst naar 'tot de buikzijde behorend' en 'dorsaal' naar 'aan de rugkant gelegen'. De derde plaatsbepaling is de anterior-posterior-bepaling, waarbij 'anterior' verwijst naar 'naar voren toe' en posterior naar 'naar achteren toe'. De laatste plaatsbepaling, ten slotte, is de mediaal-lateraal-bepaling, waarbij 'mediaal' verwijst naar 'aan de binnenzijde' en 'lateraal' naar 'aan de buitenzijde'.

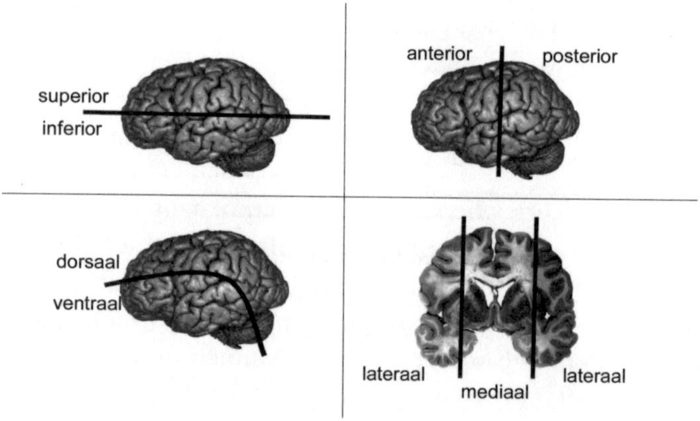

Illustraties van plaatsaanduiding in de hersenen: superior versus inferior, dorsaal versus ventraal, anterior versus posterior en mediaal versus lateraal.

Binnen de frontale kwab maken we een onderscheid tussen drie gebieden: de motorische frontale cortex, de laterale frontale cortex en de mediale frontale cortex. Deze gebieden zijn op verschillende plekken gelokaliseerd en hebben ook een verschillende functie. De motorische cortex ligt bijvoorbeeld wat meer naar achteren en is belangrijk voor het in gang zetten en uitvoeren van motorische handelingen (de naam zegt het al). De laterale cortex zit meer voor in het hoofd dan de motorische cortex en is belangrijk voor het plannen van gedrag, het toepassen van regels en het volgen van instructies. Dit gebied is ook belangrijk voor het leren van nieuwe informatie. De mediale cortex is gelegen onder de laterale cortex. De mediale cortex is vooral van belang voor planning en doelgerichte handelingen, maar dan met name bij emotievolle beslissingen (hoofdstuk 3) en sociale beslissingen (hoofdstuk 4).

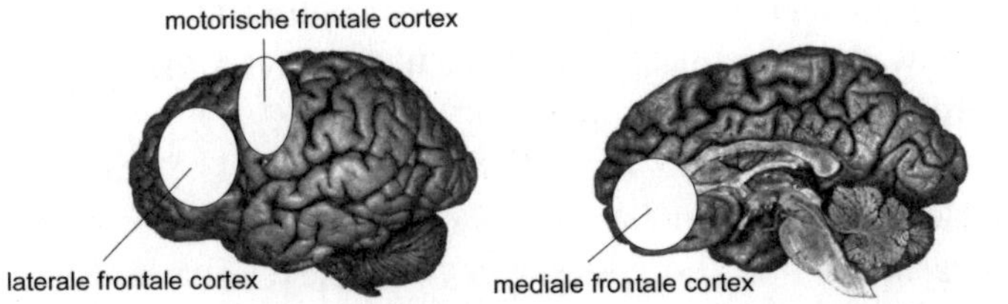

Illustratie van de verschillende subgebieden in de frontale cortex.

De frontale cortex herbergt dus een groot aantal planningsfuncties. Deze planningsfuncties worden vaak geschaard onder de naam 'controlefuncties'. Deze term is eigenlijk een parapluterm voor functies die belangrijk zijn voor doelgericht gedrag. Denk bijvoorbeeld aan het kunnen onthouden van een route, of opletten in de klas als er achter je gepraat wordt. Dit zijn allemaal vaardigheden die een bepaalde mate van controle vragen, en die beter worden uitgevoerd door volwassenen dan door jongeren. Onze kennis over de hersengebieden die belangrijk zijn voor planning en controlefuncties is gebaseerd op drie onderzoeksmethoden: patiëntenonderzoek, apenonderzoek en hersenscantechnieken.

Planning na hersenbeschadiging

Vanwege zijn locatie (voor in het hoofd) is de frontale cortex een hersengebied waar beschadiging het vaakst voorkomt. Logischerwijs hebben deze beschadigingen grote gevolgen voor dagelijkse handelingen. Echter, de frontale cortex is groot en heterogeen en daarom heeft beschadiging aan verschillende gebieden in de frontale cortex een steeds verschillende uitwerking op gedrag, afhankelijk van de locatie van de beschadiging. Omdat dit hoofdstuk betrekking heeft op het lerende brein zullen we ons vooral richten op de functies van het buitenste gedeelte van de frontale cortex (de laterale frontale cortex), want beschadiging aan dit hersengebied heeft de belangrijkste gevolgen voor planning en het opnemen van nieuwe kennis. Wat gebeurt er dan bij beschadiging aan dit hersengebied?

We weten op basis van patiëntonderzoek dat het buitenste gedeelte van de frontale cortex, de laterale frontale cortex, belangrijk is voor het oplossen van problemen, informatie vasthouden in je geheugen, of het op tijd kunnen stoppen van ongepast gedrag. Omdat patiënten met laterale frontale cortexbeschadiging dit moeilijk vinden, maken zij vaak ongepaste opmerkingen, simpelweg omdat zij niet de remming hebben om dit tegen te houden. Zij hebben ook moeite met het begrijpen van grapjes met een clou, maar kunnen weer wel lachen om simpele slapstick humor. Bij de eerste is het nodig om informatie over situaties samen te voegen, terwijl dat bij slapstickhumor niet zo is.

Een van de belangrijkste kenmerken van patiënten met schade aan de laterale frontale cortex is dat zij moeite hebben met het verwerken van sturing (of feedback) uit de omgeving. Met andere woorden; als iemand kritiek heeft op een plan en aangeeft dat het vanaf nu allemaal anders moet, dan kunnen patiënten met laterale frontale cortexbeschadiging hun gedrag minder goed bijstellen. Zij blijven 'hangen' in het oude gedrag en kunnen niet flexibel wisselen. Zoals we hieronder zullen zien is het leren van sturing/feedback ook een functie die zich nog sterk ontwikkelt in de adolescentie; dit is belangrijke informatie als we denken aan het belang van sturing in de schoolsituatie. Wanneer je gewend bent om een opdracht of een taak op een bepaalde manier uit te voeren, dan geeft dat houvast. Als de invulling van de opdracht opeens compleet verandert, dan is het voor adolescenten moeilijk om de oude manier af te leren en de nieuwe manier aan te leren. Dit kan bijvoorbeeld het geval zijn als zij een andere leerkracht krijgen die op een nieuwe manier lesgeeft, maar ook als het lesmateriaal verandert.

Planning in het apenbrein: single-cell recording

Hoe weten we nu precies hoe een bepaald hersengebied bijdraagt aan cognitief functioneren? Veel van onze kennis over hoe de hersenen werken is gebaseerd op apenonderzoek. Hoewel niet door iedereen op prijs gesteld, hebben deze experimenten ons veel geleerd over waar in de hersenen bepaalde functies zijn gehuisvest. Een beroemdheid op het gebied van apenonderzoek, Patricia Goldman-Rakic, heeft de rol van de laterale frontale cortex onderzocht bij apen. Hiervoor maakte zij gebruik van een experiment waarbij apen geleerd werd dat een bepaalde keuze kon leiden tot een beloning, zoals een stukje appel of appelsap. De apen kregen een plaatje te zien aan de linkerkant of de rechterkant van een computerscherm. Daarna werd een kruisje getoond in het midden van het scherm, en zij moesten naar het kruisje blijven kijken tot het van kleur veranderde. Vervolgens moesten ze naar de tegenovergestelde locatie kijken van waar het plaatje eerder was getoond. Dus, als het plaatje aan de linkerkant van het scherm werd getoond dan keek de aap eerst naar links (waar het plaatje verscheen), vervolgens keek hij naar het midden van het scherm waar een kruisje stond. Als het kruisje van kleur veranderde keek de aap vervolgens naar de rechterkant van het scherm en kreeg hij de beloning. Je kunt uiteraard niet simpelweg aan de aap uitleggen wat de instructie is om een beloning te krijgen. Een aap moet daarom soms maanden getraind worden voor het zo'n experiment kan uitvoeren.

Om uit te zoeken hoe de hersenen werken tijdens deze taak maten Patricia Goldman-Rakic en collega's de activiteit in neuronen in de laterale frontale cortex. Deze methode heet 'single-cell recording' en wordt gebruikt om verschillen in voltage of stroom te meten in een zenuwcel. Om de micro-elektrodes die deze verschillen meten in te brengen wordt de aap tijdelijk verdoofd, en wordt de elektrode geplaatst in het specifieke hersendeel waar onderzoekers in geïnteresseerd zijn, in dit geval de laterale frontale cortex. De micro-elektrode meet vervolgens de activiteit in de cel. Single-cell recording is waarschijnlijk de meest specifieke meetmethode die we ter beschikking hebben, maar een probleem is dat we maar in een heel klein gebied kunnen meten. Er kan gekeken worden naar activiteit in maximaal vijftig cellen tegelijk, en dat is nog steeds maar in een zeer klein gedeelte van het brein.

In de aapexperimenten van Goldman-Rakic waren de onderzoekers geïnteresseerd in het verschil in de activiteit van de cellen als de tijd tussen het eerste plaatje en de veranderingen in de kleur van het kruisje varieerde. Door de veranderingen moest de aap namelijk langer de locatie van het plaatje onthouden. Bijvoorbeeld, als het kruisje meteen van kleur veranderde nadat het eerste plaatje was getoond, dan was het gemakkelijk voor de aap om meteen de oogbeweging naar de andere kant te maken. Maar als het kruisje langere tijd zwart bleef, bijvoorbeeld zes of twaalf seconden, dan moest de aap gedurende deze tijd onthouden waar het plaatje in eerste instantie was verschenen en wat de tegenovergestelde oogbeweging moest zijn. De variatie in deze tijd resulteerde in meer activatie in de cellen in de laterale prefrontale cortex. Oftewel, langere tijd onthouden leidde tot meer activiteit in dit hersengebied (of weer anders gezegd; doordat dit hersengebied actief werd kon de informatie langer worden onthouden). Het vasthouden van informatie gedurende een bepaalde periode wordt ook wel *werkgeheugen* genoemd en is een van de belangrijkste controlefuncties.

Een kijkje in het mensenbrein tijdens planning

Ook bij mensen is de laterale prefrontale cortex belangrijk voor werkgeheugen én andere controlefuncties. Met behulp van hersenscantechnieken, zoals fMRI, is de werking van de frontale cortex uitvoerig in kaart gebracht. Dit onderzoek heeft met name geleid tot de ontdekking dat verschillende gebieden in de frontale cortex verschillende functies hebben, een ontdekking die moeilijk was vast te stellen met patiëntonderzoek, of op basis van single-cell recordings bij apen.

De onderzoeken met hersenscantechnieken zijn met name belangrijk geweest om te onderzoeken wat kinderen en adolescenten wel of niet kunnen en welke hersengebieden hierin meespelen. We weten bijvoorbeeld dat in sommige delen van de frontale cortex de hoeveelheid hersencellen (grijze stof) langzamer verandert dan in andere gebieden. Deze structurele verandering heeft weer grote gevolgen voor hoe kinderen informatie onthouden of plannen. We weten pas sinds kort hoe de hersengebieden die belangrijk zijn voor planning en het uitvoeren van een bepaalde taak *werken* in de kindertijd en adolescentie. In dit hoofdstuk worden een aantal van deze functies beschreven in relatie tot het zich ontwikkelende brein.

We zullen in dit hoofdstuk zien dat de meeste probleemoplossingfuncties zich ontwikkelen tussen vier en twaalf jaar (de periode dat kinderen op de basisschool zitten). Dit is ook terug te zien in de redeneervaardigheden van kinderen en jongeren; we zien hier namelijk een enorme toename tijdens de basisschooltijd. Maar veel van de functies rijpen nog tot in de adolescentie, zoals planning en flexibiliteit. Niet zo wonderbaarlijk als we weten dat de frontale cortex nog vervolmaakt wordt tot we twintig tot vijfentwintig jaar zijn. We weten nu steeds meer over de hersengebieden die belangrijk zijn voor de ontwikkeling van deze functies en hoe deze met elkaar samenwerken. Het is belangrijk om hier rekening mee te houden als je goede sturing wilt geven. Als je op jonge leeftijd goed een taal kunt leren, omdat je hersenen er dan rijp voor zijn, dan heeft het veel zin om deze periode hiervoor te gebruiken. Maar als de hersengebieden die belangrijk zijn voor plannen nog niet gerijpt zijn als je veertien bent, heeft het niet zo veel zin om van een veertienjarige adolescent te vragen om uit te komen met zijn zakgeld, ook al kan hij al wel goed rekenen.

Een paar punten moeten we wel in ons achterhoofd houden. In de onderstaande onderzoeken is gebruikgemaakt van laboratoriumtaken, waarbij gemiddeld twintig tot vijfentwintig deelnemers per leeftijdsgroep zijn getest. Onderzoekers proberen deze deelnemers zo te selecteren dat ze een goede afspiegeling vormen van de bevolking, maar dat is met deze steekproeven veel moeilijker dan wanneer er honderd of tweehonderd kinderen worden gemeten. De taken die worden gebruikt in het laboratorium zijn daarbij niet altijd even makkelijk te vertalen naar de complexe planning die wordt gevraagd in het dagelijks leven. Zo is er bij een laboratoriumtaak vaak een specifieke instructie, zijn deelnemers erg gemotiveerd om het goed te doen, en is er nauwelijks afleiding van buitenaf. Maar dat in ons achterhoofd houdend, zijn we enthousiast over de kennis die onderzoek naar hersenontwikkeling bij adolescenten tot nu toe aan inzichten heeft opgeleverd. Hieronder staan deze beschreven per functie.

Werkgeheugen: out of sight out of mind?

Wanneer een achttien maanden oude baby wordt gevraagd om een pop of auto die zojuist onder een van twee dozen verstopt is, te pakken, dan zal de baby de juiste plek vrij goed kunnen aanwijzen. Maar als de tijd tussen het verstoppen en het mogen zoeken langer wordt, bijvoorbeeld tien seconden of twintig seconden, dan zal de baby niet meer weten waar het speelgoed verstopt zit. Dit komt doordat het werkgeheugen nog niet goed ontwikkeld is. De grootste veranderingen in het werkgeheugen vinden plaats in de jonge kindertijd. In tegenstelling tot de traditionele veronderstelling dat het werkgeheugen uitontwikkeld is rond tien jaar, weten onderzoekers nu echter dat het werkgeheugen nog verbeterd wordt in de adolescentie. Hoeveel veranderingen er plaatsvinden in de adolescentie hangt af van hoe moeilijk de werkgeheugenopdracht is.

Een manier om werkgeheugen te meten is door de tijd tussen het aanbieden van informatie en het terughalen van informatie te variëren, zoals ook wordt gedaan bij apenonderzoek en bij eerdergenoemd babyonderzoek. In deze taken worden bijvoorbeeld één voor één drie locaties getoond op het scherm, en de deelnemer wordt gevraagd om deze drie locaties in dezelfde volgorde aan te wijzen, na een vertraging van vijf, tien of vijftien seconden. Iedereen, volwassenen en kinderen, vindt het moeilijker om de taak uit te voeren na een vertraging van vijftien ten opzichte van vijf seconden. Maar jongere kinderen hebben relatief meer moeite met de vijftien-secondentaak dan volwassenen, terwijl zij de vijf-secondentaak net zo goed kunnen uitvoeren. Op basis van deze bevindingen wordt geconcludeerd dat het werkgeheugen van jongere kinderen een minder grote capaciteit heeft. Wanneer kinderen een jaar of twaalf zijn kunnen ze deze taak net zo goed uitvoeren als volwassenen.

Een tweede manier om werkgeheugen te onderzoeken is door niet de tijd, maar de hoeveelheid informatie die iemand moet onthouden te variëren. Een voorbeeld: je doet mee aan een spelprogramma waarin je vier voorwerpen krijgt te zien, die vervolgens achter een scherm verdwijnen. Vervolgens wordt je gevraagd deze voorwerpen uit je hoofd op te noemen. Dit is niet zo'n moeilijke opdracht, maar als het aantal voorwerpen acht is, of tien, dan wordt de opdracht wel wat ingewikkelder. Je werkgeheugen moet nu immers acht in plaats van vier voorwerpen onthouden. Het werkt hetzelfde met een werkgeheugentaak in het laboratorium. Als je de volgorde van vier locaties op een computerscherm moet onthouden is dit nog vrij goed te doen, maar als het aantal locaties toeneemt dan wordt de opgave al veel moeilijker. Hetzelfde kan het geval zijn als je tien willekeurige woorden moet onthouden, of plaatjes van objecten. Ook hier zien we dat iedereen het moeilijk vindt om meerdere locaties, woorden of plaatjes te onthouden, maar kinderen maken relatief meer fouten dan volwassenen als het aantal locaties, woorden of plaatjes toeneemt. Om deze reden is het voor jonge kinderen ook moeilijk om meer opdrachten tegelijk te moeten onthouden, of een lange boodschappenlijst. Onderzoekers hebben bij de twee bovenstaande werkgeheugentaken (waarbij of de tijd tussen de voorwerpen en het terughalen wordt gevarieerd, of het aantal voorwerpen wordt gevarieerd) nog leeftijdsgerelateerde veranderingen geconstateerd tot vijftien jaar. Hoewel de veranderingen tussen twaalf en vijftien wel kleiner werden, waren vijftienjarige adolescenten nog steeds niet op volwassenenniveau.

In bovenstaande onderzoeken zijn de leeftijdsverschillen dus vrij klein, maar deze worden veel groter als je deelnemers in een onderzoek vraagt om de informatie in het werkgeheugen te reorganiseren. Dit type werkgeheugen wordt gemeten met de zogenaamde manipulatietaak. Je kunt dit doen door iemand te vragen om een willekeurige reeks letters te onthouden, zoals P-B-F-N, gedurende zes seconden, om vervolgens de letters weer hardop terug te zeggen. Dat is lastig, maar zal niet heel veel moeite kosten. Als je aan diegene echter vraagt om de letters na zes seconden te herhalen in de volgorde van het alfabet, dan zal dat beduidend meer moeite kosten.

Deze vorm van werkgeheugen, waarbij je moet *werken* met informatie in je gedachten, kost kinderen en jongeren veel meer moeite dan volwassenen. Dit heeft te maken met de werking van verschillende subgebieden in de frontale cortex die op elkaar afgestemd moeten worden en met elkaar moeten leren communiceren. De vaardigheid om informatie in je gedachten te manipuleren, of om ermee te werken in je gedachten, ontwikkelt dan ook nog tot ver in de adolescentie.

Deze vorm van werkgeheugen speelt een belangrijke rol bij verschillende vaardigheden op school, denk maar aan het uitvoeren van een lastige rekensom waarbij getallen moeten worden gemanipuleerd. Of denk aan het uitstippelen van een werkschema, waarbij je rekening moet houden met begin- en eindtijden van lesuren, wanneer er tijd is om je lunch te eten, en je nog op tijd moet zijn om 's middags te gaan voetballen. Deze planning vraagt veel van het werkgeheugen, en vooral van de manipulatie van informatie in het werkgeheugen.

Het gebied dat belangrijk is voor het werkgeheugen bij apen, de laterale prefrontale cortex, is ook bij mensen belangrijk voor het succesvol uitvoeren van een werkgeheugentaak. Verschillende onderzoeken hebben laten zien dat activiteit in dit hersengebied toeneemt als informatie gedurende een langere tijd moet worden vastgehouden in het geheugen, of als het aantal locaties of plaatjes dat moet worden onthouden toeneemt. Je succes op een werkgeheugentaak hangt direct samen met de mate van activiteit in het hersengebied. Dat wil zeggen, mensen waarbij dit hersengebied harder werkt, doen het beter op de werkgeheugentaak. We hebben dus vrij sterke aanwijzingen dat dit gebied verantwoordelijk is voor een stevig werkgeheugen.

Het blijkt niet zoveel uit te maken om welk type informatie het gaat, de laterale prefrontale cortex is actief bij zowel het onthouden van locaties, plaatjes, cijfers of objecten. Maar, het blijkt wel uit te maken wat voor soort werkgeheugen wordt aangesproken, namelijk of je informatie alleen hoeft vast te houden in gedachten, of dat je daadwerkelijk moet *werken* met deze informatie. Als informatie alleen hoeft te worden vastgehouden (je hoeft niets met de informatie te doen behalve het te onthouden), dan wordt activatie gezien in de ventrale (onderste) laterale prefrontale cortex. Echter, wanneer er in gedachten met informatie moet worden gewerkt (zoals bij het alfabetiseren), dan zien we activatie in de dorsale (bovenste) laterale prefrontale cortex. Dit onderscheid is belangrijk, want we weten dat de structurele rijping van de hersenen eerder plaatsvindt voor het ventrale gedeelte dan voor het dorsale gedeelte. In ons eigen laboratorium hebben we daarom onderzocht welke hersengebieden actief zijn bij kinderen als ze plaatjes van objecten (zoals een klok, een huis, een schoen of een hond) moeten onthouden gedurende zes seconden. We vergeleken dit met hersenactiviteit wanneer zij de plaatjes in omgekeerde volgorde moesten reproduceren. Kinderen tot twaalf jaar hadden veel moeite met de manipulatietaak, en hun dorsale laterale prefrontale cortex was minder actief dan bij vijftien- tot zestienjarigen en volwassenen. We menen daarom dat adolescenten vooral meer moeite hebben met werkgeheugen*manipulatie* omdat het dorsale gebied van de laterale frontale cortex langzamer rijpt.

In een laboratorium in Zweden doen Torkel Klingberg en collega's al jaren onderzoek naar de relatie tussen de toename in werkgeheugencapaciteit bij kinderen en de ontwikkeling van de hersenen. Zij maken vooral gebruik van taken waarbij

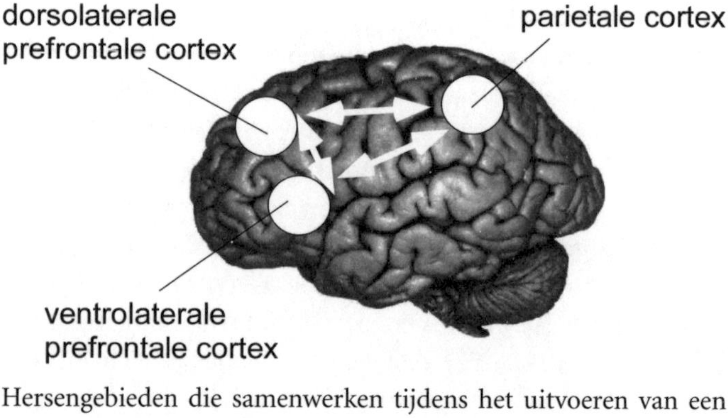

Hersengebieden die samenwerken tijdens het uitvoeren van een werkgeheugenopdracht.

deelnemers de locatie van plaatjes op het computerscherm moeten onthouden en ze vergelijken het slagingspercentage op deze taak met hersenactiviteit bij kinderen van acht tot achttien jaar. Deze studies laten zien dat de hersengebieden die belangrijk zijn voor locatiegerelateerd werkgeheugen bij volwassenen (de laterale prefrontale cortex, in samenwerking met de parietale cortex, die meer achter in het hoofd zit en belangrijk is voor ruimtelijke organisatie), steeds actiever worden naarmate kinderen ouder worden. Met geavanceerde meetmethoden onderzochten zij ook of de banen tussen deze hersengebieden belangrijk waren voor het uitvoeren van de taak. En inderdaad: hoe sterker de connecties tussen deze hersengebieden, hoe beter de werkgeheugenprestatie.

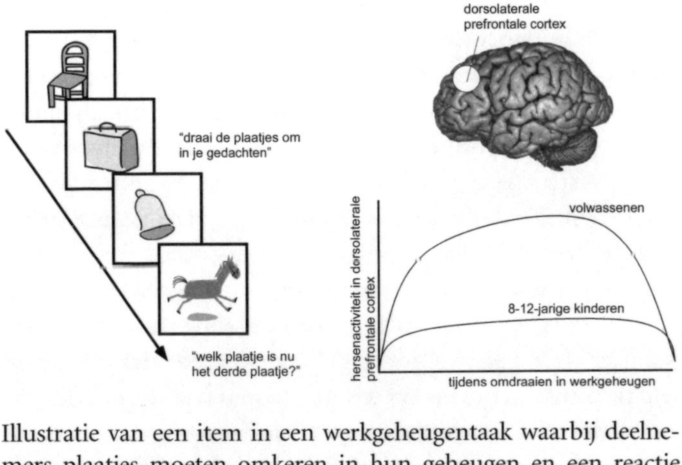

Illustratie van een item in een werkgeheugentaak waarbij deelnemers plaatjes moeten omkeren in hun geheugen en een reactie moeten geven op een van deze plaatjes (links). De dorsolaterale prefrontale cortex speelt hierbij een belangrijke rol (rechtsboven) en dit hersengebied is tijdens de werkgeheugenopdracht minder actief bij acht- tot twaalfjarige kinderen dan bij volwassenen (rechtsonder). Gebaseerd op resultaten uit Crone et al. (PNAS, 2006).

Inhibitie: op tijd stoppen

Je fietst met behoorlijk wat haast naar school of naar je werk, je steekt daarom snel het kruispunt over maar opeens springt het stoplicht op oranje. Je moet nu snel remmen voordat het licht op rood springt. Of: je bent op bezoek bij je buurvrouw en de telefoon gaat. Je hand gaat al richting de telefoon, maar op tijd realiseer je je dat je niet thuis bent. Of: je bent in Engeland en nog net kun je de neiging onderdrukken om aan de rechterkant van de weg te gaan rijden. In al deze voorbeelden is er sprake van inhibitie, oftewel het remmen of stoppen van je gedrag. Op tijd ons gedrag kunnen remmen is van cruciaal belang voor veilig en sociaal aangepast gedrag, maar is vooral moeilijk als je opeens iets anders moet doen dan je gewend bent (zoals links rijden) of als je al flink op weg bent om een beweging uit te voeren (zoals bij het veranderende stoplicht).

Kinderen hebben meer moeite met het remmen of stoppen van gedrag dan volwassenen. Het Amerikaanse spelletje 'Simon says:' (de Amerikaanse versie van 'commando pinkelen') is hier een goed voorbeeld van. Bij dit spelletje krijgen kinderen de instructie om een handeling uit te voeren, maar alleen als de instructie wordt voorafgegaan door 'Simon zegt:' Bijvoorbeeld, bij de instructie 'Simon zegt: klap in je handen', klapt iedereen in zijn handen. Bij de instructie 'Simon zegt: stamp met je voeten', stampt iedereen met zijn voeten. Bij de instructie 'schud je hoofd' is het de bedoeling dat je niets doet, want er werd geen 'Simon zegt:' voor gezegd. Het is moeilijk om deze instructie niet uit te voeren, omdat je zo gewend bent om te doen wat er wordt gezegd en de beweging is als het ware al in gang gezet voor je beseft dat het dit keer niet de bedoeling is. Vooral kinderen hebben hier veel moeite mee.

Remmen en stoppen is volop onderzocht in de ontwikkelingspsychologie. Onderzoekers gebruiken hiervoor computertaken omdat ze heel precies willen meten wanneer ren en volwassenen wel en niet kunnen remmen, of ren. In de 'go/no go-taak' wordt aan een deelnemer gevraagd om op een knop te drukken als een bepaald plaatje wordt getoond, bijvoorbeeld een rode hond. De hond wordt steeds achter elkaar getoond en er moet daarom ook steeds op de knop worden gedrukt. Maar als de hond blauw is, dan mag juist niet worden gedrukt. Dit vinden jonge kinderen heel moeilijk; soms lukt het ze om niet te drukken bij de blauwe hond, maar vaak gaan ze de mist in. Vooral kleuters zijn hier erg slecht in, maar ook basisschoolkinderen tot een jaar of twaalf hebben meer moeite om hun gedrag te remmen dan volwassenen.

De go/no go-taak meet op een simpele manier het inhibitievermogen (het vermogen te remmen), maar heeft ook een aantal problemen. De uitkomstmaat voor het meten van inhibitie is het aantal commissiefouten, dit is het aantal keer dat je toch op de knop drukt als de blauwe hond verschijnt. Maar als je weinig fouten wilt maken kun je bijvoorbeeld ook de strategie gebruiken om steeds heel langzaam te reageren, want als je langzamer reageert op alle honden dan maak je ook minder commissiefouten als je de blauwe hond ziet. Daarom weten we niet of minder commissiefouten betekent dat iemand beter kan inhiberen of dat iemand gedurende de hele taak de langzame-reactiestrategie gebruikt.

Onderzoekers hebben om deze reden gezocht naar meer geavanceerde manieren om inhibitie te meten, en dit heeft geleid tot de ontwikkeling van de 'stop-signaal-taak'. Onderzoekers wilden namelijk graag weten hoe lang iemand nodig heeft om te kunnen stoppen. Maar hoe meet je een snelheid van stoppen als er niet op een knop wordt gedrukt? Daar hebben de onderzoekers een slim trucje op bedacht. Bij een stop-signaal-taak wordt de deelnemer gevraagd om te reageren op groene pijlen die naar links of naar rechts wijzen door met de wijsvingers op een linker- of rechterknop te drukken. Dit moet heel snel gebeuren, en daarom wordt het reageren automatisch. Maar als de pijl rood wordt, mag er niet gereageerd worden (net als bij een stoplicht). Dit is makkelijk als de pijl meteen rood wordt, maar het wordt veel moeilijker als de pijl eerst een tijd groen blijft en wanneer je al bijna op de knop hebt gedrukt en de pijl dan pas rood wordt. Dit is te vergelijken met een stoplicht dat oranje wordt als je nog ver van het kruispunt verwijderd bent, of een stoplicht dat oranje wordt als je net begint over te steken. Door de tijd tussen de aanbieding van de pijl en het rood laten worden van de pijl te variëren kunnen onderzoekers erachter komen hoeveel tijd iemand nodig heeft om nog succesvol te kunnen stoppen. Deze tijd wordt de Stop Signaal Reactie Tijd (SSRT) genoemd. Deze SSRT is traag tussen vier en acht jaar. Maar, de SSRT is nog niet op volwassenenniveau tot ten minste twaalf tot veertien jaar. Tot deze leeftijd hebben jongeren meer moeite met stoppen dan volwassenen.

Wanneer iemand een beschadiging heeft aan het ventrale gedeelte van de laterale prefrontale cortex (in een gebied dat iets onder het gebied zit dat belangrijk is voor het vasthouden van informatie in het werkgeheugen) dan leidt dit ook tot grote moeite met stoppen. Gezonde volwassenen laten activiteit zien in dit gebied van de hersenen wanneer een go/no gotaak of een stop-signaal-taak wordt uitgevoerd. Dit gebied wordt daarom het inhibitiegebied genoemd.

Een aantal onderzoekers heeft onderzocht hoe het inhibitiegebied zich ontwikkelt tussen acht tot twaalf jaar en achttien tot vijfentwintig jaar. De belangrijkste bevinding is dat wanneer acht- tot twaalfjarige kinderen een go/no go-taak maken tijdens een fMRI-scan, zij minder activiteit laten zien in het ventrale gedeelte van de laterale prefrontale cortex dan volwassenen. Dit betekent waarschijnlijk dat dit gedeelte van de

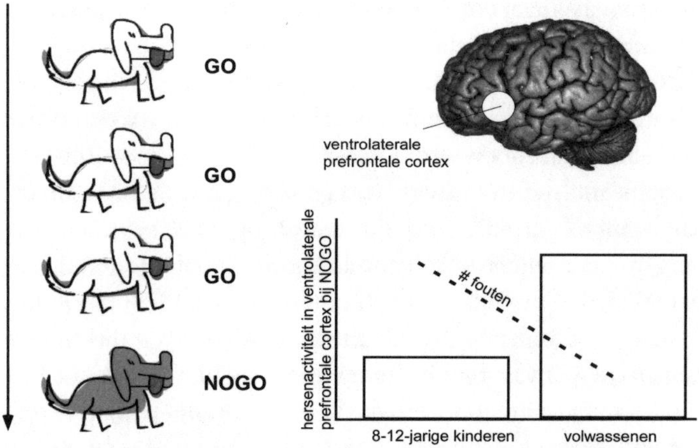

Illustratie van een go/no go-taak, waarbij een reactie moet worden gegeven op go-items (hier de witte hond), maar de reactie geremd moet worden op no go-items (hier de grijze hond). De ventrolaterale prefrontale cortex speelt een belangrijke rol bij het remmen van reacties (rechtsboven), maar is minder actief bij kinderen dan bij volwassenen tijdens deze taak (rechtsonder). Gebaseerd op resultaten uit Casey et al. (*TICS*, 2005) en Durston et al. (*Developmental Science*, 2002).

hersenen bij deze kinderen nog niet goed ontwikkeld is. Interessant is dat deze kinderen wel vaak activatie laten zien in een ander gedeelte van de prefrontale cortex, zoals in het dorsale gedeelte van de prefrontale cortex. Dus mogelijk moeten ze een beroep doen op andere gebieden omdat het gebied dat belangrijk is voor inhibitie bij hen nog niet goed gerijpt is.

Tijdens de adolescentie (tussen twaalf en achttien jaar) verandert deze kindermanier van hersenactiviteit in de volwassenenhersenactiviteit, in het bijzonder doordat het ventraal-laterale deel van de prefrontale cortex steeds verder rijpt. Wanneer dezelfde kinderen een paar jaar later opnieuw worden getest, werkt de ventraal-laterale frontale cortex beter bij het stoppen. Het inhibitiegebied gaat blijkbaar steeds beter werken als kinderen ouder worden en daardoor kunnen ze met de jaren beter hun gedrag remmen.

Ook al weten we dat de hersengebieden die belangrijk zijn voor inhibitie een grote verandering ondergaan tussen twaalf en achttien jaar, we weten nog niet precies wat het tijdsverloop is van deze verandering. Het is nog onbekend wanneer de ventraal-laterale frontale cortex op volwassenenniveau werkt. Maar we moeten er wel rekening mee houden dat op twaalfjarige leeftijd, en in de jaren erna, adolescenten nog niet zo goed hun gedrag kunnen remmen als volwassenen, simpelweg omdat hun hersenen hier nog niet klaar voor zijn. Je kunt daarom niet verwachten dat adolescenten in een drukke klas al net zo goed informatie kunnen filteren als volwassenen. Voor hen is het nog moeilijk om de automatische neiging om te reageren op opmerkingen van klasgenoten te onderdrukken.

Hierboven spraken we steeds over afleidingen van buitenaf die genegeerd moesten worden. Maar soms zit de afleiding ook al in een opdracht zelf en er moet daarom een onderdeel van de opdracht onderdrukt worden. De leesinhibitietaak is een goed voorbeeld van een opdracht waar de afleiding in zit. Woorden lezen gaat ontzettend snel en is eigenlijk een automatisch proces. Het is daarom ook moeilijk om de *betekenis* van deze woorden te negeren. Dit is het kenmerk van de beroemde Stroop-taak, die vernoemd is naar de Amerikaanse psycholoog John Ridley Stroop die deze taak ontwikkelde in 1935. Bij deze taak is het de bedoeling dat iemand de kleur van een woord opleest. De truc zit hem in de volgende moeilijkheid: het woord dat wordt gepresenteerd is ook een kleur. Bijvoorbeeld, het woord ROOD of GROEN wordt gepresenteerd in dezelfde kleur (ROOD in de inktkleur rood) of in een andere kleur (GROEN in de inktkleur geel). Als de kleur benoemd moet worden maar het woord zegt iets anders, is het erg moeilijk om niet te lezen wat er staat. Het lezen is namelijk geautomatiseerd; we zijn zo gewend om te lezen, dat we dit niet kunnen onderdrukken.

Het proces heet 'interferentie' en gebeurt continu om ons heen. Wanneer we ons verspreken bijvoorbeeld, dan is dit vaak het gevolg van interferentie. Dit gebeurt vaak bij het door elkaar halen van namen van familieleden, of wanneer een nieuwe liefde per ongeluk met de naam van een ex-geliefde wordt aangesproken. Patiënten met schade aan de frontale cortex, maar ook kinderen hebben veel moeite om in de Strooptaak de leesreactie te onderdrukken. Onderzoekers hebben bij deze taak gemeten hoe de hersenen werken bij kinderen en adolescenten als zij deze taak uitvoeren en hier werd een belangrijke ontdekking gedaan.

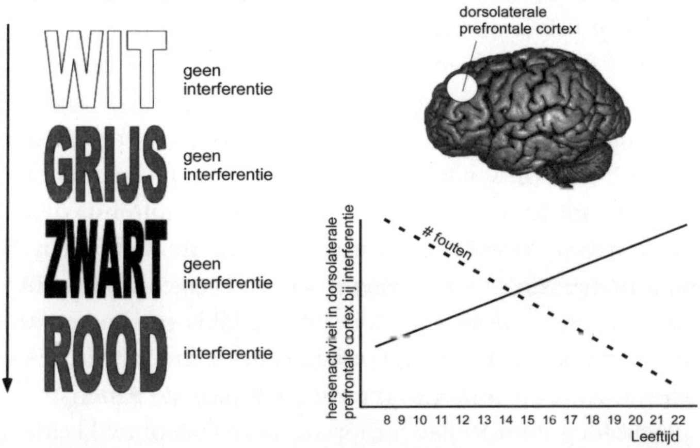

Illustratie van een Stroop-taak, waarbij de kleur van de inkt benoemd moet worden, ongeacht de tekst waarin deze gedrukt staat. Wanneer de tekst en de inktkleur verschillen, is er sprake van interferentie. De dorsolaterale prefrontale cortex speelt een belangrijke rol bij het onderdrukken van interferentie (rechtsboven) en dit gebied is actiever tijdens interferentiewoorden naarmate deelnemers ouder zijn. Gebaseerd op resultaten uit Adleman et al. (*Neuroimage*, 2002).

De hersengebieden die belangrijk zijn voor het succesvol uitvoeren van de Strooptaak bij volwassenen (de dorsaal laterale frontale cortex) blijven veranderen tot ver in de adolescentie; veranderingen zijn zichtbaar tot twintig jaar. Specifiek werd gekeken naar de relatie tussen de leeftijd van deelnemers tussen zeven en vijfentwintig jaar, en de mate van activiteit in de laterale frontale cortex tijdens de interferentiewoordparen (bijvoorbeeld het woord BLAUW geprint in de kleur groen, waarbij de kleur groen benoemd moest worden). Er was een lineaire toename in de mate van activiteit in dit hersengebied tot aan tweeëntwintig jaar. Dus, hoe ouder de adolescent, hoe beter hij irrelevante informatie kan onderdrukken doordat hij meer activiteit heeft in de laterale frontale cortex. Deze veranderingen waren het sterkst aan de linkerkant van de hersenen, waarschijnlijk omdat deze taak een beroep doet op taalprocessen, die aan de linkerkant huizen. Hoewel adolescenten als zij twaalf tot veertien jaar zijn al vrij goed zijn in het remmen van hun handelingen (zoals bij het stoplichtvoorbeeld), hebben ze dus nog veel problemen met het onderdrukken van interferentie. Zo zal Suzanne het moeilijk vinden om woordjes Frans te onthouden als de radio aanstaat. Hoewel adolescenten lijken uit te blinken in *multitasken* (telefoneren, msn'en en huiswerk doen tegelijk), blijkt uit deze onderzoeken dat het adolescentenbrein nog niet helemaal in staat is om verschillende taken tegelijk uit te voeren, zij hebben namelijk meer last van *interferentie*.

Flexibiliteit en plannen: snel aanpassen aan een veranderende omgeving

Flexibiliteit is waarschijnlijk de belangrijkste controlefunctie. Immers, vaak moeten we onze plannen aanpassen omdat er iets onverwachts gebeurt wat opeens onze aandacht vraagt. Als je bijvoorbeeld net besluit de deur uit te gaan om boodschappen te doen en de telefoon gaat. We moeten flexibel wisselen tussen het eerste plan (de deur uitgaan) en het tweede plan (de telefoon opnemen). Deze flexibiliteit hebben we nodig wanneer we allerlei nieuwe vaardigheden leren, zoals wiskunde of een nieuw computerprogramma. Hierbij maken we continu gebruik van feedback over ons eigen gedrag. We horen wat wel en niet goed was en we passen aan wat we deden. Het leren van feedback is daarom ontzettend belangrijk voor leren op school. Flexibiliteit wordt vooral op de proef gesteld als de handeling die je moet uitvoeren anders is dan je gewend bent.

Patiënten met beschadiging aan de frontale cortex hebben vooral veel moeite met deze aanpassingen. Ze zijn gewend om handelingen uit te voeren zoals ze die kennen en ze kunnen moeilijk wisselen naar ander, onverwacht gedrag. Wanneer aan een frontale cortexpatiënt bijvoorbeeld wordt gevraagd om met de achterkant van een haarborstel een spijker in de muur te slaan kan dit deze patiënt, ondanks de simpele instructie, wel eens meer problemen opleveren dan verwacht. Hij begrijpt de opdracht wel, maar hij is geneigd om, zodra hij de haarborstel in zijn hand heeft, zijn haar te gaan kammen. Dat komt omdat de handeling van haar kammen met een haarborstel zo geautomatiseerd is dat hij deze moeilijk kan onderdrukken.

De rol van flexibiliteit is veel onderzocht met experimenten waarbij deelnemers regels moeten toepassen (bijvoorbeeld, reageer steeds op een kleur) en hier feedback over krijgen (goed of fout). Nadat de deelnemer een tijd volgens de kleurregel heeft gereageerd, wisselt de regel onaangekondigd. Het is de bedoeling dat de deelnemer de 'feedback' gebruikt om de nieuwe regel te vinden. Zij krijgen bijvoorbeeld negatieve feedback van de proefleider als ze op de kleur van een plaatje reageren (namelijk, de proefleider geeft aan dat het antwoord fout is), maar positieve feedback als ze op de vorm reageren (hier geeft de proefleider aan dat het antwoord goed is). De originele versie van deze taak heet de *Wisconsin Card Sorting Task* en is ontwikkeld in 1948. Er zijn echter vele nieuwe en aangepaste versies ontwikkeld van deze taak, waarmee werd geprobeerd verschillende vormen van flexibiliteit te meten. Een belangrijke bevinding bij deze experimenten is dat patiënten met schade aan de frontale cortex zoals verwacht meer moeite hebben om flexibel te wisselen naar een nieuwe regel. Echter, zij kunnen de proefleider wel vertellen wat de nieuwe regel moet zijn. Het lijkt erop dat hun handelingen niet luisteren naar de kennis die zij over de taak hebben. Dit kan komen doordat de kennis over de taak in een ander hersengebied gerepresenteerd is dan de handelingen die worden vereist.

Jonge kinderen lijken in hun gedrag veel op patiënten met schade aan de frontale cortex, zij hebben ook moeite met flexibel wisselen tussen regels. Als aan een driejarige bijvoorbeeld wordt verteld om plaatjes te sorteren op vorm (de bloemen gaan op de bloemenstapel en de vrachtwagens gaan op de vrachtwagenstapel), dan kunnen zij deze taak vrij goed uitvoeren. Toevallig is het zo dat de plaatjes soms rood en soms blauw zijn, maar daar hoeven ze niet op te letten. Nu wisselt de opdracht en wordt de driejarige gevraagd om niet meer te letten op de bloemen en de vrachtwagens, maar op de kleur van het plaatje. De rode plaatjes gaan op de rode stapel en de blauwe plaatjes gaan op de blauwe stapel. De driejarige kan deze regelwisseling goed begrijpen en kan deze ook uitleggen aan de proefleider ('nu ga ik letten op kleur, rood gaat bij rood en blauw gaat bij blauw'). Maar als de taak moet worden uitgevoerd, dan blijven zij sorteren op basis van de eerder aangeleerde regel (bloemen bij bloemen, vrachtwagens bij vrachtwagens). Dit is heel opmerkelijk, omdat ze wel begrijpen wat de nieuwe regel is. Er is als het ware een tweedeling tussen weten en doen, net als bij patiënten met schade aan de frontale cortex. Vierjarige en vijfjarige kinderen kunnen deze taak al veel beter uitvoeren. Dit betekent dat een belangrijke verandering plaatsvindt in flexibiliteit in de vroege kindertijd. Toch blijkt dat volledige flexibiliteit nog niet is ontwikkeld tot op zijn minst vijftien jaar.

De verschillen tussen vijftienjarigen en volwassenen zijn veel minder groot dan de verschillen tussen driejarigen en volwassenen, maar nog steeds blijven adolescenten vaker 'hangen' in de regel die voorheen correct was.

De hersengebieden die belangrijk zijn voor flexibiliteit hebben we in het Leidse laboratorium nader bekeken. We weten op basis van fMRI-bevindingen dat er twee hersengebieden in de frontale cortex belangrijk zijn wanneer volwassenen leren van feedback over hun eigen gedrag. Beide gebieden zijn gehuisvest in de frontale cortex. Maar hoe ontwikkelen die zich eigenlijk en hoe communiceren ze met elkaar?

In ons eigen laboratorium onderzochten we hoe acht- tot elfjarige kinderen, veertien- tot vijftienjarige adolescenten en jongvolwassenen leerden van feedback over hun eigen gedrag als ze flexibel moesten wisselen tussen regels. Feedback die aangaf dat het voorafgaande gedrag fout was, activeerde de twee hersengebieden in de frontale cortex die te maken hebben met doelgericht gedrag. Namelijk, de dorsale laterale prefrontale cortex en een gebied in het midden van de frontale cortex, de *anterior cingulate cortex* genaamd. Het laatste gebied wordt ook wel het alarmgebied van de hersenen genoemd, omdat het actief wordt als mensen fouten maken. Belangrijk was dat een aantal gebieden die een rol spelen bij de taak al vroeg een volwassen niveau bereikten. Maar de dorsale laterale prefrontale cortex en de anterior cingulate cortex waren nog niet op volwassenenniveau bij veertien- en vijftienjarigen. Dus, de gebieden die belangrijk zijn voor doelgericht gedrag bij volwassenen zijn bij jongeren nog steeds in groei tot in de late adolescentie. Er is echter wel een lichtpuntje: hoewel jongeren minder hersenactiviteit lieten zien na het krijgen van negatieve feedback, bleek dat zij juist meer hersenactiviteit vertoonden dan volwassenen na het krijgen van positieve feedback. Blijkbaar zijn de hersenen van jongeren meer gericht op het krijgen van stimulans en bevestiging, maar kunnen zij minder met straffen en afkeuring.

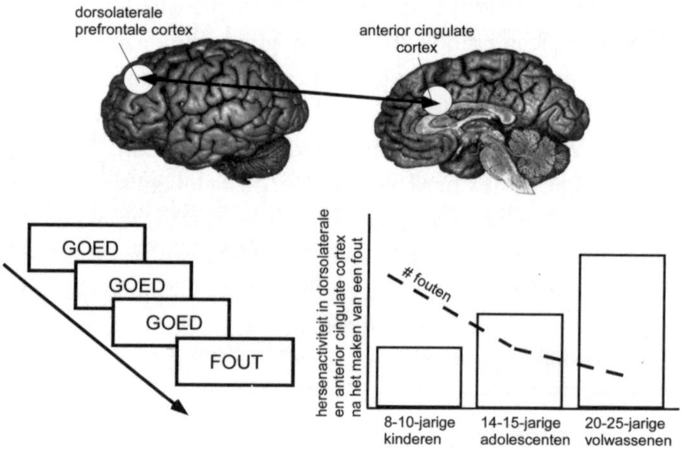

Illustratie van feedback in een flexibiliteitstaak, waarbij deelnemers van regel moeten wisselen als ze negatieve feedback krijgen (links). Bij het krijgen van negatieve feedback worden de dorsolaterale prefrontale cortex en de anterior cingulate cortex actief (boven), die een belangrijke rol spelen bij het aanpassen van je gedrag. De mate van activiteit in deze gebieden neemt nog toe gedurende de adolescentie. Gebaseerd op resultaten uit Crone et al. (*CABN*, 2008).

Hoe zit het dan in de hersenen van Suzanne? Als zij op dinsdag voor het bord wordt gehaald bij wiskunde om haar sommen uit te schrijven, wenst ze dat ze de dag ervoor een wat betere planning had gemaakt. Hoewel haar schrift leeg is, probeert ze toch maar wat. Terwijl ze de som uitschrijft krijgt ze van de leraar te horen dat oplossing A niet goed is. Over een paar jaar zal haar frontale cortex hard genoeg werken om te weten dat ze som B dan op een andere manier moet oplossen, maar op dit moment zijn haar hersenen hier nog niet optimaal op ingesteld; bij som B gaat ze weer in de fout. Teleurgesteld gaat Suzanne terug naar haar plaats. Haar klasgenoot wordt vervolgens gevraagd om som C en D op te lossen. Ook deze klasgenoot heeft gisteren haar prioriteiten niet bij wiskunde gelegd en ook zij moet op goed geluk aan de gang. De klasgenoot zit echter op een beter spoor; som C weet zij correct op te lossen. De leerkracht prijst haar hiervoor en zegt haar dat ze de som helemaal goed heeft gemaakt. Nu gaat haar frontale cortex hard aan de slag, dit betekent dat ze som D op dezelfde manier moet oplossen. Met succes, zij maakt de som foutloos en iedereen is tevreden. Het heeft dus meer effect om te prijzen voor wat goed is gedaan dan afkeuring te tonen voor wat niet goed is gedaan, want de hersenen van pubers reageren sterker op positieve signalen.

Rekenen: goochelen met getallen

Sam zit in de brugklas en heeft het erg naar zijn zin. De overgang van de basisschool naar de middelbare school is hem alles meegevallen en ook de hoeveelheid huiswerk is goed te doen. Hij vindt Engels het leukst, hier is hij goed in omdat hij vaak naar Amerikaanse series kijkt op tv. In tegenstelling tot Engels háát hij wiskunde! Rekenen was op de lagere school al niet zijn favoriete vak, maar toen hielp de meester hem nog wel eens met de moeilijke opgaven. De wiskundeleraar op de middelbare school is helemaal niet zo aardig, hij vindt dat Sam beter zijn best moet doen of bijles moet nemen. Maar waar moet hij die tijd vandaan halen? Sam bewaart zijn huiswerk voor wiskunde daarom ook altijd tot het laatst, waardoor het vaak gebeurt dat hij er helemaal niet meer aan toe komt. Het liefst zou hij wiskunde nu meteen uit zijn lessenpakket gooien.

Rekenen is waarschijnlijk een van de grootste struikelblokken in het onderwijs, zoals het voorbeeld van Sam illustreert. Opmerkelijk genoeg is er over de hersengebieden die belangrijk zijn voor rekenen heel weinig bekend. Dit is waarschijnlijk omdat het zo'n complexe vaardigheid is. Het is belangrijk om nummers te herkennen, te weten hoe deze in relatie tot elkaar staan, een ruimtelijke voorstelling te kunnen maken van hoeveelheden en complexe manipulaties op deze getallen te kunnen uitvoeren om tot een nieuwe uitkomst te komen. Onderzoekers houden zich op dit moment bezig met vragen als: is er een hersengebied dat belangrijk is voor het begrip van cijfers? Waardoor ontwikkelt de vaardigheid om met getallen om te kunnen gaan? Welke hersengebieden zorgen ervoor dat we een rekensom kunnen uitvoeren? Zijn er bepaalde risicofactoren waarom iemand wel of niet goed leert rekenen? Zijn er bepaalde periodes in de ontwikkeling waarin het makkelijker of moeilijker is om te leren rekenen? Voor jongens als Sam is het belangrijk dat er op dit soort vragen een antwoord wordt gevonden.

De eerste stapjes in de richting van deze antwoorden worden nu gezet. We weten op basis van onderzoek bij volwassenen, dat we voor het uitvoeren van simpele optel- en aftreksommen een beroep doen op de parietale cortex. Dit is een gebied achter in het brein dat ook belangrijk is voor ruimtelijke representatie (zoals de weg vinden). Zowel beschadiging aan de frontale cortex als aan de parietale cortex kan zorgen voor grote problemen met rekenen. Het is nog niet goed bekend wat de precieze rol is van beide gebieden bij het uitvoeren van rekensommen, maar het meeste bewijs toont aan dat getallen gerepresenteerd worden in de parietale cortex en dat de frontale cortex belangrijk is voor het actief houden van deze getallen in gedachten. De onderlinge verbindingen tussen deze gebieden zijn daarom ook heel belangrijk. Deze zijn nog onderhevig aan veranderingen tot ver in de adolescentie.

Wanneer jongeren tussen de acht tot zeventien jaar wordt gevraagd om simpele sommen te maken in een fMRI-scanner, gebruiken ze de parietale cortex ook, maar minder sterk dan volwassenen. In tegenstelling tot volwassenen maken jongeren bij deze simpele sommen wel gebruik van de frontale cortex, mogelijk omdat zij een groter beroep moeten doen op controlefuncties (zoals werkgeheugen) om de rekensom uit te voeren. Hoe jonger, hoe meer er een beroep wordt gedaan op de frontale cortex. Hoe ouder, hoe meer er een beroep wordt gedaan op de parietale cortex. We denken dat dit bete-

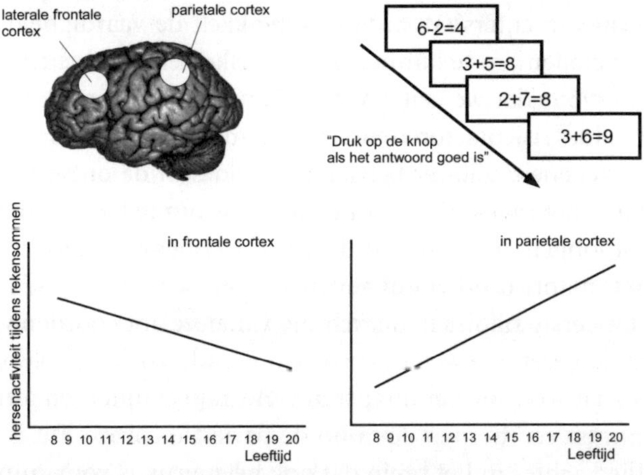

Illustratie van hersengebieden die belangrijk zijn bij rekenen, namelijk de frontale cortex en de parietale cortex (linksboven). Deze hersengebieden worden actief als deelnemers wordt gevraagd om rekensommen te maken in de MRI-scanner (rechtsboven). De activiteit in de frontale cortex neemt af naarmate deelnemers ouder worden, maar de activiteit in de parietale cortex neemt toe met toenemende leeftijd. Gebaseerd op resultaten uit Rivera et al. (*Cerebral Cortex*, 2005).

kent dat als je ouder wordt, het uitvoeren van simpele rekensommen steeds meer geautomatiseerd verloopt. Als je echter jong bent, moet de frontale cortex nog hard werken om te helpen de rekensom op te lossen. We weten nog niet goed hoe het zit met complexe rekensommen, maar mogelijk kunnen adolescenten deze pas goed uitvoeren als hun frontale cortex hier rijp voor is. Hier moeten onderzoekers nog veel over ontdekken. Tot die tijd moet Sam nog even doorbijten, en hopelijk krijgt hij de hulp en sturing van de wiskundeleraar die hij duidelijk nog nodig heeft.

Taal: timing is belangrijk

Hoewel Sam moeite heeft met wiskunde, is hij steengoed in het leren van nieuwe talen. Hij sprak al een aardig woordje Engels voor hij aan de middelbare school begon, maar daar ontdekte hij dat hij ook andere talen goed kan leren; hij heeft zelfs een 9 als eindcijfer voor Frans. Bestaat er dan toch zoiets als een wiskunde- of een taalknobbeltje in de hersenen? Werkt Sams wiskundeknobbel gewoon minder goed dan zijn taalknobbel? Het idee van knobbeltjes is wat te simplistisch, maar onderzoeken tonen wel aan dat er, naast een hersennetwerk voor wiskunde, ook een apart hersennetwerk voor taal bestaat.

Rond 1860 deed de Franse arts Paul Broca onderzoek naar het brein en hij deed een bijzondere ontdekking over de lokalisatie van een taalgebied. Hij probeerde erachter te komen hoe mensen een taal leren. Hiervoor deed hij onderzoek naar patiënten met afasie; een aandoening die ertoe leidt dat mensen moeite hebben om te spreken. Een van zijn patiënten had een ernstige vorm van afasie, hij kon alleen 'tan tan' zeggen, terwijl hij wel begrip had van wat er om hem heen gebeurde. Patiënt 'Tan' overleed in 1861 en Broca deed vervolgens postmortem onderzoek in de hersenen van Tan. Een groot gedeelte van de linkerfrontale hersenhelft bleek beschadigd. Deze ontdekking leidde ertoe dat dit gedeelte van de hersenen werd gekarakteriseerd als belangrijk voor het spreken van taal (*Broca's gebied* genaamd). Een interessant gegeven is dat een ander gebied in het brein, achter in de temporale kwab, belangrijk is voor het *begrijpen* van taal, maar niet voor het *spreken* ervan. Met andere woorden, patiënten met beschadiging aan dit hersengebied (Wernickes gebied genaamd, naar de Duitse anatoom Carl Wernicke) kunnen vloeiend woorden uitspreken, alleen hebben deze woorden geen coherente betekenis. Taal wordt dus gerepresenteerd in verschillende gebieden van de hersenen die met elkaar samenwerken.

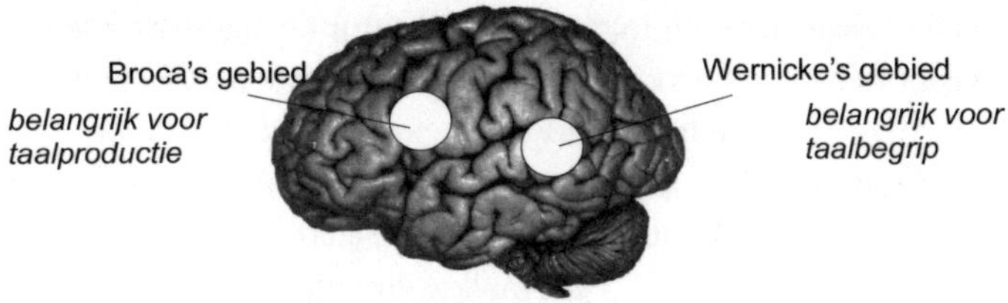

Hersengebieden die belangrijk zijn voor taalproductie en taalbegrip.

Het leren van taal is een uiterst complex proces dat gedeeltelijk geautomatiseerd verloopt en gedeeltelijk bewust wordt aangeleerd. We beginnen al heel vroeg met het leren van taal. Rond één jaar zeggen baby's de eerste woordjes, tussen anderhalf en twee jaar is er een enorme toename in het aantal woorden dat kinderen leren (de *vocabulary burst* genaamd). In deze tijd leren kinderen tussen zeven en negen nieuwe woorden per dag. Rond drie jaar kunnen de meeste kinderen grammaticaal correcte zinnetjes maken van ongeveer vijf woordjes. Dit is ook de tijd dat de taalverwerking vooral in de linkerhemisfeer plaatsvindt. Voor deze tijd gebruiken kinderen nog beide hemisferen om taal te sturen. Het is duidelijk dat adolescenten al heel goed zijn in taal en dat het leren hiervan al veel eerder plaatsvindt. Omdat taal zo mooi de aanwezigheid van gevoelige periodes illustreert, wil ik er hier toch iets meer over zeggen.

Een gevoelige periode (of een kritische periode) is een tijd waarin kinderen makkelijker informatie leren. Jonge kinderen kunnen bijvoorbeeld gemakkelijker een nieuwe taal leren dan volwassenen, omdat zij een gevoelige periode hebben voor taalontwikkeling. Deze gevoelige periode komt voort uit reorganisatie van cellen en de structuur in het brein, waarin de hersengebieden die belangrijk zijn voor het leren van een taal extra flexibel zijn. De precieze mechanismen zijn nog onbekend, maar onderzoekers vermoeden dat dit komt door een toename in synaptogenesis in de temporaalcortex. De gevoelige periode is een periode waarin er een overproductie is aan grijze stof, die later weer afneemt zodat de gebieden hun functies effectiever gaan uitvoeren. Onderzoekers denken dat deze veranderingen samenhangen met de vaardigheid om een taal zonder accent te leren spreken. Dit betekent dat je in die periode optimaal gebruik kunt maken van dit hersengebied: tot zeven jaar kun je accentloos een tweede taal aanleren, maar vanaf acht tot tien jaar wordt dit steeds moeilijker.

Kinderen die tussen vier en zes jaar geïsoleerd zijn opgegroeid en geen toegang hebben tot gesproken of gebarentaal, blijken niet in staat om volzinnen te leren. Ons brein is wellicht klaar om een taal te leren bij de geboorte, maar de omgeving moet het brein vervolgens wel stimuleren om werkelijk de taal aan te leren. Dit wordt geïllustreerd in de trieste geschiedenis van Genie, een meisje dat in Los Angeles opgroeide in de jaren zestig. Op 4 november 1970 werd Genie gevonden, zij was toen dertien jaar oud, was 1,37 lang en woog 30 kilo. Genies moeder was blind en haar vader leed aan een ernstige depressie. Toen Genie twintig maanden oud was vertelde een arts de ouders dat Genie wat langzamer ontwikkelde dan andere kinderen. Op dat moment besloot haar vader dat zij mentaal geretardeerd was, en heeft hij haar tot haar dertiende opgesloten onder erbarmelijke omstandigheden. Zij leefde in totaal isolement en er werd nauwelijks met haar gecommuniceerd. Zij leerde niet lopen en kon geen vast voedsel doorslikken. Toen Genie dertien jaar was, besloot haar moeder bij haar vader weg te gaan en ging ze naar een instantie voor blinde personen om een uitkering aan te vragen; zij nam Genie mee. De maatschappelijk werker van de instantie dacht dat zij zes of zeven jaar oud was. Op het moment dat ontdekt werd dat Genie bijna veertien was, werd direct vastgesteld dat zij ernstig mishandeld en verwaarloosd was. Genie kon niet praten, maar kon wel enkele korte zinnetjes spreken zoals 'stop it' of 'no more'.

Nadat hulpverleners zich over haar ontfermd hadden is Genie lange tijd begeleid door taaldeskundigen en psychologen. Genie kwam in een gastgezin terecht en ging naar speciale scholen. Zij leerde vriendschappen te sluiten met mensen in haar omgeving, om te spreken en zelfs te zingen. Maar ze heeft nooit geleerd taal te spreken zoals andere kinderen, haar zinnen bleven kort, en grammatica was heel moeilijk voor haar. Zij sprak zinnen als 'Apple sauce buy store' of 'John come happy, John not come sad'. Onderzoekers concludeerden uit dit ongebruikelijke veldexperiment dat er een gevoelige periode is voor de ontwikkeling van taal. Genie kon nog wel andere vaardigheden aanleren, zoals lopen en springen, en intenties van andere personen begrijpen. Zij leerde ook veel nieuwe woorden en begreep wat anderen tegen haar zeiden. Grammatica moet echter jong zijn aangeleerd om het goed te kunnen toepassen. Genie woont nu in een verpleegtehuis voor ouderen in Californië.

Er is dus een periode in de ontwikkeling van kinderen waarin hun hersenen het meest optimaal functioneren om een taal te leren. Te vroeg aanleren heeft meestal geen zin, omdat de hersenen er dan nog niet 'klaar' voor zijn, maar te laat is ook schadelijk want dan is de gevoelige periode voorbij. Hetzelfde geldt voor het aanleren van een tweede taal. Na de gevoelige periode is het nog wel mogelijk om een tweede taal te leren, maar niet meer accentloos.

Er worden nu op basisscholen programma's aangeboden om kinderen al jong in aanraking te laten komen met de Engelse taal. De effectiviteit van deze programma's moet nog onderzocht worden, maar het is heel goed mogelijk dat de kinderen die op deze jonge leeftijd al Engels leren dit later accentloos kunnen spreken. Dit laatste kan natuurlijk alleen als de leraar of lerares de taal ook accentloos kan spreken, want anders leren de kinderen de taal op dezelfde manier te spreken als de leerkracht.

Ten slotte: wat maakt een brein intelligent?

Intelligentie is een uiterst complex begrip. Het bestaat uit verschillende deelprocessen, en er bestaan veel verschillende tests om intelligentie in kaart te brengen. Volgens twee Nederlandse onderzoekers – Wilma Resing en Pieter Drenth – moet intelligentie omschreven worden als 'een conglomeraat van verstandelijke vermogens, processen, en vaardigheden'. Enkele deelvaardigheden die zij onderscheiden zijn:

1. abstract kunnen denken,
2. relaties ontdekken,
3. problemen oplossen,
4. regels ontdekken in ongeordend materiaal,
5. met bestaande kennis nieuwe problemen oplossen,
6. zelfstandig werken en leren zonder instructie nodig te hebben,
7. flexibel aanpassen aan vereisten van de omgeving.

Het idee hierbij is dat intelligentie bestaat uit een aantal onafhankelijke factoren die samen een algemene intelligentie vormen.

Anderen, zoals Howard Gardner, spraken naar aanleiding van onderzoek niet alleen over meerdere deelprocessen die samen intelligentie vormen, maar ook over meerdere vormen van intelligentie. Zij veronderstelden dat iemand in de ene vorm van intelligentie heel sterk kan zijn en in de andere vorm juist niet. Gardner onderscheidde naast de gebruikelijke cognitieve vaardigheden (zoals taal, wiskunde en ruimtelijk inzicht) ook interpersoonlijke vaardigheden als vormen van intelligentie, zoals muziek, lichaamsbeheersing, zelfkennis, en kennis over natuur en milieu.

Weer andere onderzoekers beweerden dat het niet eerlijk is om intelligentie te meten met taken die een beroep doen op verbale vaardigheden omdat deze afhankelijk zijn van de scholing die iemand heeft gekregen. John Raven ontwikkelde met betrekking tot deze bewering de Raven Progressive Matrices-test, die alleen een beroep doet op algemene, cultuurvrije vaardigheden. Met cultuurvrij wordt bedoeld dat de test even moeilijk is voor kinderen uit Nederland, Amerika, Marokko en Zimbabwe, omdat het moeilijkheidsniveau niet wordt bepaald door eerdere leerervaringen of omstandigheden. In deze test is het de bedoeling dat de deelnemer een matrix met een missend element aanvult, door een van zes of acht antwoordmogelijkheden te kiezen. Volgens Raven kon op deze manier de intelligentie van verschillende culturen met elkaar vergeleken worden, of kon intelligentie in kaart worden gebracht van kinderen die geëmigreerd waren naar een ander land of doof waren.

Het is duidelijk dat er verschillende meningen bestaan over wat intelligentie precies is en hoe het gemeten moet worden, terwijl iemands intelligentie tegelijkertijd zo bepalend is voor schoolkeuzes en selectieprocedures. Hoe is dit mogelijk als we niet eens weten hoe we het moeten meten?

Gelukkig bestaan er ook overeenkomsten in de overtuigingen van wetenschappers over het begrip intelligentie. Over het algemeen wordt gesteld dat het begrip verschillende deelprocessen moet meten, het moet een stabiele waarde opleveren die op verschillende meetmomenten dezelfde uitslag moet geven, en er moet een hoge samenhang zijn met probleemoplossende vaardigheden.

Een veelgebruikte test om intelligentie bij kinderen, adolescenten en volwassenen vast te stellen is de Wechsler Intelligence Scale. Deze test bestaat uit elf subtests, waarvan zes tests een beroep doen op verbale vaardigheden, en vijf tests een beroep doen op performale (uitvoerende) vaardigheden. Zo kunnen een verbaal en een performaal intelligentiequotiënt (IQ) worden berekend die samen het algemene IQ opleveren (gemiddelde score is 100). Er zijn verschillende tests voor volwassenen en voor kinderen, en binnen iedere leeftijdsgroep kunnen de scores van een individu vergeleken worden met de scores van een normgroep.

Een groot longitudinaal onderzoek aan het National Institute for Health in de Verenigde Staten heeft gemeten hoe intelligentie samenhangt met hersenontwikkeling. Ongeveer tweehonderd tot driehonderd deelnemers tussen acht en achttien jaar werden gedurende een aantal jaren gevolgd. Er werden van de deelnemers ten minste twee hersenscans per individu gemaakt met ongeveer twee jaar tijd tussen de eerste en de tweede meting. Voor al deze kinderen en jongeren werd hun IQ bepaald op basis van de Wechsler Intelligence Scale for Children. Op basis van de scores op deze test werden zij ingedeeld in drie groepen: 'superieure intelligentie' (gemiddeld IQ tussen 121 en 149), 'hoge intelligentie' (gemiddeld IQ tussen 109 en 120) en 'gemiddelde intelligentie' (gemiddeld IQ tussen 83 en 108).

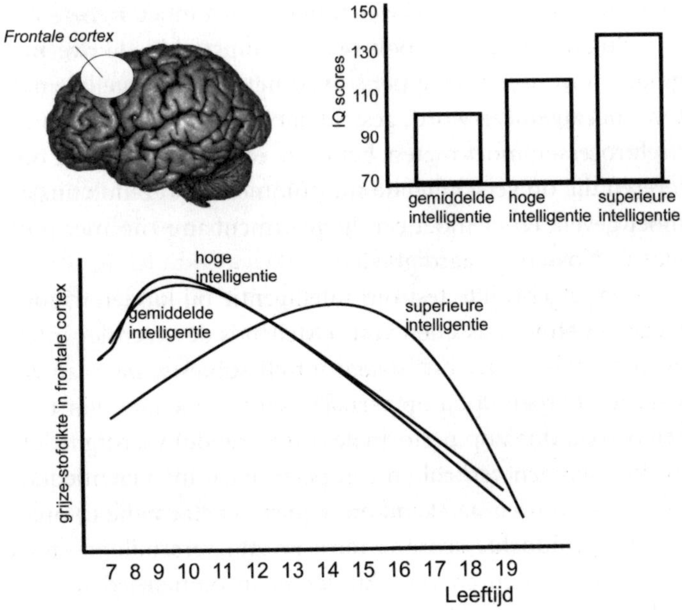

Grijze-stofontwikkeling in de frontale cortex voor kinderen met gemiddelde, hoge en superieure intelligentie. Voor kinderen met superieure intelligentie piekt de grijze stofdikte later dan voor kinderen met gemiddelde of hoge intelligentie. Gebaseerd op resultaten uit Shaw et al. (*Nature*, 2006).

De onderzoekers maten de dikte van de gehele cortex (hoeveelheid grijze en witte stof) gedurende verschillende fasen van de ontwikkeling, en voor de drie intelligentie groepen. Zij vonden, net als eerdere onderzoekers, dat met name de frontale cortex nog aan het rijpen is gedurende de adolescentie (dus: hoe ouder, hoe rijper de frontale cortex). Dit betekent dat er bij de jonge kinderen nog een toename is in de hoeveelheid grijze stof (meer gebruiksstof) en in de adolescentie een afname (meer efficiëntie). Maar zij vonden ook een opmerkelijk resultaat voor de drie intelligentiegroepen.

Namelijk, hoe intelligenter het kind, hoe *later* de rijping van de frontale cortex plaatsvond. In de superieure intelligentie groep vond de piek in grijze stof pas plaats tussen elf en veertien jaar, terwijl voor de groepen met gemiddelde intelligentie deze piek al eerder plaatsvond. In eerste instantie lijkt deze bevinding tegenintuïtief, want de hersenen van minder intelligente kinderen leken meer op de hersenen van volwassenen dan de hersenen van superieur intelligente kinderen. Toch is dat niet zo gek. De superieur intelligente kinderen kunnen langer gebruikmaken van een grote hoeveelheid grijze stof, en deze leeftijdsfase kan mogelijk een gevoelige periode zijn voor de ontwikkeling van intelligentie. Dit betekent dat er verschillen zijn tussen kinderen in het tijdstip waarop zij het beste nieuwe informatie tot zich kunnen nemen en hoe lang de hersenen nog aan het rijpen zijn. Het ene kind leert misschien makkelijker om staartdelingen te maken als hij elf is, terwijl het andere kind dit pas goed kan leren als hij dertien is. Dit hoeft niet te betekenen dat het elfjarige kind slimmer is; het is goed mogelijk dat deze kinderen op achttienjarige leeftijd even slim zijn, maar dat de dertienjarige een laatbloeier is. Zijn hersenen ontwikkelen in een ander tempo, en maken een latere of langere 'groeispurt' door dan de hersenen van de elfjarige. Er is jammer genoeg op dit moment weinig ruimte voor deze individuele afstemming in het onderwijs. Meestal is dit niet zo erg; als jongeren wat achterblijven op wiskunde of natuurkunde worden ze wat bijgespijkerd, of wellicht doen ze het weer wel goed op andere vakken. Het is echter wel problematisch bij tests waarop toekomstige schooltrajecten worden gebaseerd, zoals de Cito-toets. Omdat deze tests altijd op een vast tijdstip worden afgenomen, is het mogelijk dat jongeren naar het verkeerde schooltype worden gestuurd, simpelweg omdat zij laatbloeiers zijn en hun hersenen wat later in de 'groeispurt' komen.

Samengevat

We hebben hierboven gezien dat hersengebieden die belangrijk zijn voor controlefuncties nog ontwikkelen tot in de adolescentie. Ook bestaan er gevoelige periodes in de ontwikkeling, waarin het makkelijker is om een bepaalde vaardigheid aan te leren. Deze periodes zijn vooral in kaart gebracht voor het leren van taal, maar waarschijnlijk zijn deze periodes er ook voor de andere functies die hierboven staan beschreven, zoals werkgeheugen of flexibiliteit.

We hebben ook ontdekt dat verschillende gebieden verschillende ontwikkelingstrajecten volgen. Het is goed om een vaardigheid aan te leren in een gevoelige periode, maar het heeft niet zo veel zin om vaardigheden aan te leren op momenten dat de hersenen daar nog niet klaar voor zijn. Het is overigens niet zo dat een volwassenenbrein niet meer flexibel is. We kunnen als volwassenen ook nog steeds nieuwe informatie leren, maar het gaat niet zo snel meer als bij jongeren.

Een van de open vragen in het onderzoek naar de rijping van hersengebieden blijft de controverse tussen rijping en oefening. We veronderstellen dat kinderen bepaalde hersengebieden nog niet goed gebruiken omdat de zenuwcellen nog niet efficiënt genoeg werken, of omdat de connecties nog niet zijn gelegd. Anderzijds is het mogelijk dat kinderen simpelweg minder oefening hebben gehad dan volwassenen. Zou het mogelijk zijn om kinderen met heel veel oefening net zo goed te laten presteren als volwassenen? Deze vragen zijn moeilijk te beantwoorden, maar roepen op hun beurt ook weer spannende vragen op over de flexibiliteit van het brein. Zoals een atleet zijn lichaam traint, zo is het misschien ook mogelijk om je hersenen te trainen en superieur te worden in werkgeheugen of flexibiliteit.

Als het mogelijk is om je werkgeheugen te trainen, en als er een optimale periode is om werkgeheugen te trainen, dan zou je daar veel aan kunnen hebben, want werkgeheugen is belangrijk voor bijna alle schoolvaardigheden. Tegelijkertijd weten we ook dat we niet van iedereen een Mozart kunnen maken, dus welke hersengebieden precies wel en niet te trainen zijn, daar komen we in de toekomst pas achter. Onder andere deze vragen worden momenteel onderzocht in het Leidse Brain & Development Laboratorium.

In dit hoofdstuk heb ik geprobeerd uit te leggen wat we weten over het zich ontwikkelende adolescentenbrein, en hoe we deze informatie kunnen relateren aan wat we van adolescenten kunnen verwachten in het klaslokaal. Het is belangrijk om in de toekomst onze resultaten goed te communiceren met leerkrachten, want helaas heeft de opkomst van educational neuroscience ook geleid tot het ontstaan van zogenaamde neuromythen. Een neuromythe is gebaseerd op een verkeerd geïnterpreteerde bevinding uit hersenonderzoek. Een voorbeeld hiervan zijn zogenaamde trainingsprogramma's voor de hersenen die erop gericht zijn om het brein sneller en beter te maken, maar die op geen enkele manier wetenschappelijk zijn onderbouwd.

De interesse van leerkrachten om te leren over het zich ontwikkelende brein is overduidelijk, leerkrachten zoeken naar informatie hierover en wetenschappers kunnen ouders en leerkrachten enthousiast maken voor wetenschappelijk onderzoek. In de toekomst zouden leerkrachten, ouders en wetenschappers nog dichter bij elkaar kunnen komen door discussiebijeenkomsten en informatiedagen. De eerste stappen hiertoe worden momenteel gezet.

In dit hoofdstuk kwam cognitief functioneren alleen aan de orde in een gecontroleerde situatie. Het mag overduidelijk zijn dat we in het dagelijkse leven in onze keuzes en beslissingen worden beïnvloed en soms zelfs worden gestuurd door emoties, vrienden en familie. Deze invloeden zijn zeer belangrijk in de adolescentie en ook terug te voeren op veranderingen in het brein, en daarom is het emotionele brein de focus van het volgende hoofdstuk.

3

Het emotionele brein

Emoties in het adolescentenbrein

Er is voor Francien geen peil meer op te trekken. Gisteren was ze nog met haar dochter Suzanne gezellig gaan winkelen, had ze een nieuwe jas voor haar gekocht waar Suzanne dolblij mee was, en waren ze daarna nog een kopje koffie gaan drinken op een terrasje. Eigenlijk was het net als vroeger, toen Suzanne het altijd leuk vond om met haar moeder op stap te gaan en toen ze het altijd heel gezellig hadden samen. Eenmaal thuisgekomen was het mis, zoals het de laatste tijd wel vaker mis is. Francien had aan Suzanne gevraagd of ze er nog aan had gedacht om haar kast op te ruimen en Suzanne ontplofte van woede. Ze was boos dat ze altijd overal de schuld van kreeg en dat ze nooit eens gewaardeerd werd voor wat ze wel allemaal deed. Vervolgens was ze naar haar kamer gerend, had de deur dichtgetrokken en harde muziek aangezet. Toen Francien later ging kijken was de deur op slot, maar ze hoorde Suzanne wel telefoneren met een van haar vriendinnen.

Veel adolescenten gaan door periodes heen waarin ze overgevoelig zijn en waarin ze een erg kort lontje hebben. Als adolescent kun je zo boos zijn dat het lijkt of de hele wereld tegen je is, of zo de slappe lach hebben dat je er buikpijn van krijgt, met andere woorden, de emoties gaan alle kanten op.

Hoe komt dat nu? Wat gebeurt er in de hersenen dat deze opeens zo explosief gaan reageren?

Als we spreken over emoties weet eigenlijk iedereen waar we het over hebben. Tegelijkertijd zijn emoties ook een heel complex begrip. Bedenk maar eens hoeveel soorten emoties er zijn, en hoe vaak verschillende emoties tegelijk kunnen voorkomen. Emoties worden vaak beschreven als de beleving van een gevoel (zoals vreugde, geluk, boosheid). In de adolescentie wisselen deze emoties elkaar snel af en lijken emoties extremer te zijn. Vroeger was Suzanne misschien ook gaan mopperen als ze haar kamer moest opruimen, maar nu ontploft ze van woede en voelt ze zich totaal onbegrepen. We kunnen dit gedrag nu beter verklaren op basis van informatie over hersenontwikkeling. Onderzoekers hebben aangetoond dat het emotiegedeelte van de hersenen van adolescenten inderdaad overactief is onder emotioneel prikkelende situaties. Dit, in samenspel met een langzaam rijpend controlesysteem (zie hoofdstuk 2), betekent voor adolescenten soms een lastig pakket. Hun emotionele en rationele (of controle-)breinsystemen zijn in feite nog niet met elkaar in balans.

In het hersenonderzoek wordt vaak onderscheid gemaakt tussen twee typen emoties: primaire emoties en secundaire emoties. Primaire emoties zijn een directe reactie op iets uit de omgeving, zoals de angst die je voelt in een gevaarlijke situatie, bijvoorbeeld wanneer je bijna geraakt wordt door een snel langsrijdende auto. Andere voorbeelden van primaire emoties zijn blijdschap, boosheid of verdriet. Deze emoties zijn al heel vroeg in de ontwikkeling waarneembaar. Jonge kinderen leren door middel van deze emoties wat wel en niet is toegestaan. Wanneer kinderen bijvoorbeeld iets doen wat gevaarlijk is (zoals aan de knoppen van een gasfornuis zitten) zal de ouder waarschijnlijk een boos gezicht trekken en met een lage strenge stem zeggen dat het gedrag niet geoorloofd is. Hierdoor relateert het kind de handeling (die in eerste instantie geen emotionele lading had) met een boze reactie van de ouder, waardoor het angst zal voelen om de handeling nogmaals uit te voeren.

Secundaire emoties zijn complexer. Dit zijn de emoties die niet zijn aangeboren, maar aangeleerd, en deze emoties zijn niet simpelweg af te lezen aan een gezichtsuitdrukking maar komen voort uit een complex samenspel van situaties. Op basis van eerdere ervaringen vinden we sommige situaties prettig en willen we andere vermijden. Omdat deze emoties zijn aangeleerd zijn ze niet voor iedereen hetzelfde; Suzanne vindt het leuk om naar de kermis te gaan, omdat ze vorig jaar met haar vriendinnen een leuke tijd heeft gehad, terwijl Sam het helemaal niet leuk vindt, omdat hij vorig jaar het meisje waar hij verliefd op was had zien zoenen met een andere jongen. Bij deze emoties denken we aan situaties die kunnen leiden tot een goed of vervelend gevoel, zoals opluchting of schaamte. Vaak kunnen we deze emoties niet expliciet benoemen, maar leren we op basis van ons gevoel dat we sommige keuzes opnieuw willen maken, en andere juist liever vermijden. Het gevoel speelt bij secundaire emoties dus een belangrijke rol, je voelt als het ware het fijne of vervelende gevoel weer als je alleen al aan een bepaalde situatie denkt.

In de adolescentie vinden er veranderingen plaats in zowel primaire als secundaire emotionele beleving. Bij primair moeten we denken aan de beoordeling van een situatie, of het beoordelen van een emotie van iemand anders. Hoewel adolescenten al vrij goed zijn in het beoordelen van primaire emoties vinden hier toch ook nog wat veranderingen in plaats; zij hebben bijvoorbeeld moeite om bepaalde gezichtsuitdrukkingen te categoriseren. We zullen hieronder zien dat deze veranderingen te maken hebben met de werking van de amygdala, een kern in de hersenen die uitermate belangrijk is voor emotionele beleving. Daarnaast vinden er grote veran-

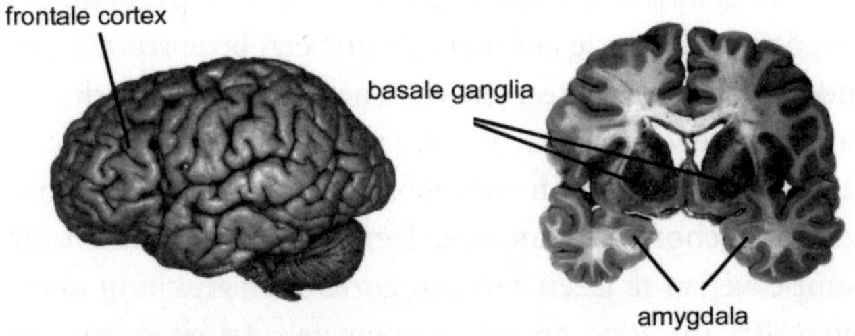

Afbeeldingen van de frontale cortex (zijaanzicht), de amygdala en de basale ganglia (vooraanzicht).

deringen plaats in secundaire emoties, of complexe aangeleerde emoties. Voor deze emoties is een uitgebreider netwerk van hersengebieden nodig, waaronder de amygdala, de basale ganglia, en de frontale cortex. We zullen zien hoe de werking van deze hersengebieden samenhangt met de basale emotieverwerking van adolescenten, hoe zij emotioneel beladen beslissingen nemen en hoe zij risico's inschatten.

Herkennen van primaire emoties

Het kunnen herkennen van emoties bij anderen is een van de belangrijkste voorwaarden voor communicatie. Deze emoties worden ingeschat op basis van de manier waarop iemand beweegt of praat. De belangrijkste manier van herkennen van emoties echter, is in de gezichtsuitdrukkingen van anderen. Het herkennen van emoties op gezichten bestaat uit drie belangrijke stappen. Allereerst moet het gezicht worden waargenomen (zien van iemand op straat), vervolgens wordt er een emotionele reactie aan het gezicht gekoppeld (de persoon roept bijvoorbeeld angst op), en ten slotte moet deze reactie worden gestuurd in een richting die gepast is in de situatie (bedenken dat deze persoon misschien en slechte dag heeft maar jou niet zal lastigvallen, of je hebt die persoon iets aangedaan en deze persoon reageert daar nu boos op). Alle drie deze stappen moeten goed werken om op de juiste manier om te gaan met het herkennen van emoties op gezichten.

Als we het hebben over gezichtsemoties worden vaak zes verschillende emoties onderscheiden: vreugde, verdriet, boosheid, angst, verbazing en afschuw. Professor Paul Ekman heeft uitvoerig onderzoek gedaan naar de herkenbaarheid en werking van deze emoties, en hij veronderstelt dat deze emoties universeel zijn, dat wil zeggen dat ze in alle culturen voorkomen. Ook als kinderen blind of doof geboren zijn gebruiken ze deze emoties om over hun gevoelens te communiceren (weliswaar minder accuraat dan kinderen die niet doof of blind zijn, maar toch kennen zij al deze emoties).

Onderzoek bij adolescenten naar het herkennen van emoties op gezichten heeft drie belangrijke resultaten opgeleverd. Ten eerste, de vaardigheid om emoties te herkennen ontwikkelt zich nog tussen tien en achttien jaar. Sommige emoties kunnen door zevenjarige kinderen al goed herkend worden, zoals blijheid. Andere emoties worden nog niet zo goed herkend door zevenjarigen maar al wel door tienjarigen, zoals boosheid en verdriet. De meest complexe emoties kunnen pas goed worden herkend in de late adolescentie, zoals verbazing en angst. Dit betekent niet dat adolescenten deze emoties niet kennen, of niet kunnen herkennen, maar het betekent dat, in vergelijking met volwassenen, adolescenten de meest complexe emoties nog vaker verwarren. Ze categoriseren bijvoorbeeld een gezicht als verbaasd terwijl het eigenlijk angstig is. Een tweede belangrijke bevinding is dat emoties beter worden herkend als adolescenten niet alleen afhankelijk zijn van het gezicht, maar ook de lichaamshouding als informatie kunnen gebruiken. Dit geeft namelijk meer informatie en hierdoor krijgen ze een completer beeld van de situatie. Een derde bevinding is dat gedurende alle stadia van ontwikkeling (in de kindertijd, adolescentie en volwassenheid) vrouwen beter zijn in het herkennen van emoties op gezichten dan mannen. Op basis van patiëntstudies en fMRI-studies weten we nu welke hersengebieden belangrijk zijn voor deze ontwikkelingsverschillen.

De rol van de amygdala

Een Amerikaanse patiënt heeft een zeer bijzondere afwijking. Deze patiënt kan prima gezichten waarnemen, aangeven of het om een man of een vrouw gaat en de identiteit van gezichten herkennen. Maar als deze patiënt een emotie moet beschrijven dan levert dit grote problemen op. De grootste problemen ondervindt hij bij de emotie angst, maar ook verbazing en boosheid worden vaak verkeerd waargenomen. Als de patiënt gedwongen wordt om een emotie te kiezen bij het zien van een angstig gezicht, dan zegt hij net zo vaak blijdschap als teleurstelling te zien; hij kan de emotie simpelweg niet herkennen. Een opmerkelijke situatie is dat deze patiënt wel weet wat angst is, want hij kan een angstsituatie beschrijven en weet wanneer er angst gevoeld zou moeten worden. Als hem echter gevraagd wordt een tekening te maken van een angstig gezicht dan lukt dat niet. Deze patiënt heeft een specifiek gebrek om negatieve en complexe emoties te categoriseren. Dit komt omdat deze patiënt beschadiging heeft aan de amygdala, een kern in de hersenen die belangrijk is voor de reactie op emoties.

De amygdala is een amandelvormige subcorticale structuur, wat betekent dat hij heel diep in de hersenen ligt. Hij maakt deel uit van het limbische systeem; een groep structuren in de hersenen die belangrijk is voor emotie en motivatie. Zoals duidelijk is in het voorbeeld van de hierboven beschreven patiënt, is de amygdala belangrijk voor het herkennen van emoties op gezichten, met name angst, boosheid en verbazing. De

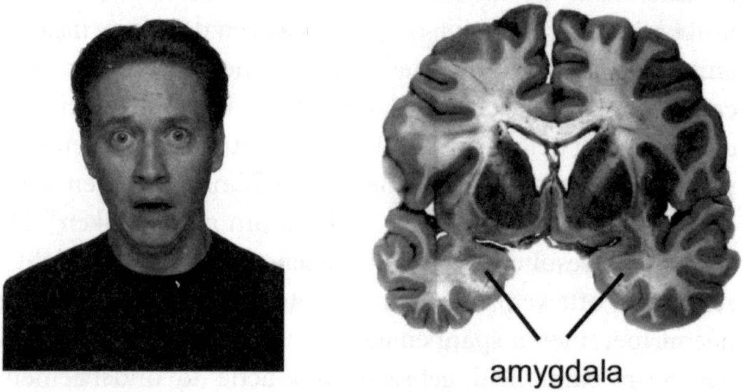

Afbeelding van de amygdala, die met name actief wordt bij het zien van angstige gezichten.

amygdala is dus belangrijk voor de verwerking van de negatieve emoties, wat mogelijk te maken heeft met de rol van deze emoties in overleving. In vroegere situaties was het belangrijk dat je direct reageerde in angstige situaties met een vlucht- of vechtreactie, zoals wanneer je een beer of slang tegenkwam in het bos. Het was dan belangrijk dat je deze situatie meteen als zeer gevaarlijk bestempelde, zodat je direct wegvluchtte, zonder er eerst uitgebreid over na te denken. Tegenwoordig komen deze situaties nog steeds voor, maar dan in een ander jasje, bijvoorbeeld wanneer je een straat oversteekt en er komt onverwacht een auto met grote vaart aanrijden. Het is dan belangrijk dat je direct reageert, en hier is de amygdala belangrijk voor.

Volgens een bekend model van Joseph LeDoux wordt emotionele informatie via twee wegen in de hersenen verwerkt. Allereerst is er de directe route, waarbij informatie direct na waarneming naar de amygdala wordt gestuurd, die de informatie verwerkt op emotionele belangrijkheid. De tweede route is via de cortex. Als bepaalde informatie wordt waargenomen loopt er namelijk ook een baan via de cortex naar de amygdala, en via deze route wordt de emotionele informatie eerst geïnterpreteerd. Deze laatste route kost wat meer tijd; daarom is het belangrijk dat de directe route ons meteen prepareert voor een vluchtreactie (als we bijna overreden worden, hebben we immers niet veel tijd om na te denken). De korte route resulteert dus in de zogenaamde 'fight or flight'-response, oftewel, aanvallen of vluchten. Onze hartslag neemt toe, spieren spannen aan, en we worden direct in een staat van paraatheid gebracht om actie te ondernemen. Doordat we informatie verwerken via twee routes kan het ook wel eens zijn dat de snelle reactie wordt bijgesteld op basis van de rationele langzame route. Denk bijvoorbeeld aan het zien van een slang, wat een snelle emotionele reactie veroorzaakt die leidt tot een versnelling van de hartslag en die je voorbereidt om weg te rennen. Totdat je ziet dat de slang eigenlijk een tuinslang is, en je rationele systeem aangeeft dat je je geen zorgen hoeft te maken. Bij de eerste interpretatie wordt de snelle route geactiveerd, maar de langzamere rationele route stelt de reactie vervolgens weer bij op basis van extra informatie (je staat in de tuin dus hier kan goed een tuinslang voorkomen, slangen komen niet voor in dit gebied) die via de cortex wordt verwerkt.

De amygdala reageert niet alleen op gezichten. In laboratoriumexperimenten werd aan gezonde deelnemers verteld dat zij mogelijk een elektrische schok kregen als er een blauw vierkantje op het scherm werd getoond. In werkelijkheid werd de schok nooit gegeven, maar de deelnemers lieten wel een verhoogde activiteit in de amygdala zien wanneer het blauwe vierkantje gezien werd. De amygdala reageert dus in zijn algemeenheid op emotioneel belangrijke informatie, ook als deze alleen in instructie wordt gegeven. Als iemand bijvoorbeeld tegen je zegt: 'Pas of voor die hond want hij kan wel eens bijten', dan zal je amygdala actief worden, ook al heeft de hond nog niets gedaan.

Amygdala, gezichten en adolescentie

Een aantal onderzoeken heeft getracht in kaart te brengen hoe de amygdala reageert op emotionele gezichten gedurende verschillende stadia in de ontwikkeling. Deze studies hebben gebruikgemaakt van fMRI en hebben aan adolescenten neutrale, positieve en negatieve gezichten gepresenteerd, waar ze alleen naar hoefden te kijken. Deze studies lieten zien dat bij adolescenten, net als bij volwassenen, de amygdala reageert op boze en angstige gezichten. Dat wil zeggen, zodra er een angstig gezicht werd getoond werd de amygdala actief. Echter, twee opmerkelijke bevindingen werden gerapporteerd. Allereerst, bij jonge adolescenten (tien à twaalf jaar) was de amygdala ook actief na de aanbieding van een neutraal gezicht. Dit was een onverwachte bevinding en onderzoekers hebben er lang over gespeculeerd wat dat kan betekenen. Een mogelijke verklaring is dat de neutrale gezichten veel ambiguïteit opleveren. Bij een blij of een angstig gezicht weet je meteen wat de betekenis is, maar een neutraal gezicht kan van alles betekenen. Het is zelfs zo dat er vaak een neutraal gezicht wordt getrokken door ouders als zij boos zijn op hun kinderen. Daarom concludeerden de onderzoekers dat de jonge adolescenten meer amygdala-activiteit vertonen als zij met een gezicht geconfronteerd worden waarvan zij niet weten wat ze ervan moeten maken. Mogelijk is deze onzekerheid voor hun ook een negatieve situatie.

Een tweede belangrijke bevinding is dat er verschillen zijn tussen jongens en meisjes in de activiteit van de amygdala. Namelijk, bij meisjes is er in de vroege adolescentie een grotere reactie op negatieve gezichten dan in de late adolescentie. Dit zou betekenen dat bij meisjes de amygdala overgevoelig is in de pubertijd en later afneemt in gevoeligheid. Bij jongens is deze overgevoeligheid gedurende de hele adolescentie te zien. Een mogelijke verklaring is dat meisjes iets eerder volwassen worden dan jongens, en dat daardoor hun emotionele systeem ook eerder rijpt.

Hoewel er wel wat bewijs voor dit idee is, is dit niet sluitend. Ook bij volwassen mannen en vrouwen blijft er namelijk een verschil bestaan in de amygdalareactie op negatieve gezichten: mannen laten meer amygdala-activiteit zien dan vrouwen. Interessant is dat meisjes gedurende de ontwikkeling wel meer activiteit laten zien in de frontale cortex bij het zien van negatieve gezichten. Dat zou kunnen betekenen dat meisjes beter in staat zijn om de negatieve plaatjes in een context te plaatsen en dat ze daarom hun emotionele reactie beter onder controle kunnen houden. Volgens deze redenatie is Suzanne minder boos als klasgenoten haar tas afpakken dan Sam. Bij allebei wordt de amygdala actief als zij zien dat hun tas wordt rondgegooid in de groep, alle boeken vallen eruit en de klasgenoten lachen er ook nog om, dit zet de amygdala in vuur en vlam. Maar Suzanne bedenkt ook dat het misschien een flauw grapje is, dat iedereen wel eens voor gek wordt gezet, en dat het weinig zin heeft om nu heel boos te reageren omdat ze haar dan volgende keer weer beet zullen nemen. In deze situatie zorgt haar frontale cortex ervoor dat ze de emoties die in eerste instantie werden opgeroepen een beetje kan temperen. De amygdala wordt hierdoor als het ware in bedwang gehouden. Sam daarentegen heeft niet zo'n hardwerkende frontale cortex en is al op de vuist gegaan voor hij heeft kunnen bedenken wat de gevolgen hiervan zullen zijn. Bij hem wint de emotionele amygdala het van de controlerende frontale cortex.

Complexe emoties: complexe hersensystemen

Suzanne werd gisteren uitgenodigd voor een feestje en ze kijkt er erg naar uit. Al haar vrienden en vriendinnen komen, het wordt een grote happening. Ze heeft er speciaal een nieuwe outfit voor aangeschaft en ze ziet ook die ene vriendin weer die naar Limburg is verhuisd en die ze erg heeft gemist. Maar vanochtend kreeg zij een onverwacht telefoontje, haar neef is ongelukkig van de trap gevallen en komt met een gekneusde pols bij de eerste hulp vandaan. Omdat hij niet zo behendig is vraagt hij of zij die avond voor hem kan koken. Het is haar lievelingsneef en hij staat altijd voor haar klaar. Suzanne wil hem graag helpen, maar dat betekent dat zij niet naar het feestje kan...

Wat moet Suzanne doen in zo'n situatie? Allerlei verschillende emoties gaan door haar hoofd, enerzijds wil zij heel graag naar het feest en bedenkt ze dat zij misschien tegen haar neef kan zeggen dat ze een andere dringende afspraak heeft. Anderzijds voelt zij zich schuldig bij het idee dat ze er niet is voor haar neef, want hij heeft haar laatst nog zo goed geholpen toen zij met een lekke fietsband langs de weg stond en hij haar met de auto kwam ophalen. Moest hij daar ook niet een voetbalwedstrijd voor afzeggen?

In het dagelijks leven worden we continu geconfronteerd met dit soort complexe emotionele beslissingen en toch zijn we in staat om heel snel een keuze te maken. Het is eigenlijk niet mogelijk om deze beslissing te baseren op een kostenbatenanalyse, we maken niet bij iedere beslissing een lijstje met voor- en nadelen die we tegen elkaar afwegen. Dat zou veel te veel tijd kosten en bovendien is het lastig om de belangrijkheid van de voor- en nadelen tegen elkaar af te zetten. Hoe maken we deze beslissingen dan wel? Volgens de bekende neuropsycholoog Antonio Damasio maken we in dit geval gebruik van onze gevoelens, bijvoorbeeld het onderbuikgevoel. Volgens Damasio zijn onze hersenen zo gevormd dat we in het geval van een moeilijke beslissing een gevoel ontwikkelen voor wat goed of fout is. Zo zou het kunnen zijn dat Suzanne bij het denken aan het feestje een opgetogen gevoel ervaart, maar bij de gedachte dat zij haar neef laat zitten een vervelend gevoel. Het ene gevoel kan het dan winnen van het andere gevoel. De gevoelens geven ons de mogelijkheid om korte- en langetermijnbeslissingen tegen elkaar af te wegen (kortetermijngevoel is een leuk feestje, langetermijngevoel is dat zij een goede band behoudt met haar familie als ze het feestje laat schieten). Hier zien we meteen de grote verandering die plaatsvindt in de adolescentie: het gevoel voor wat beter is op de lange termijn, is een vaardigheid die we pas laat ontwikkelen.

Onderzoeken laten zien dat dit te maken heeft met de ontwikkeling van een systeem in de hersenen, dat bepaalde ge-

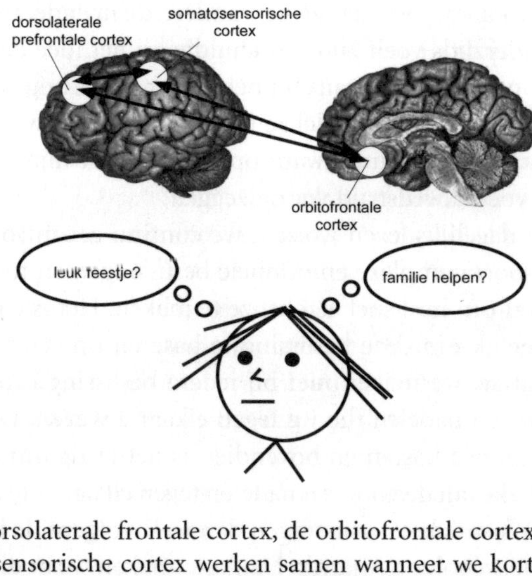

De dorsolaterale frontale cortex, de orbitofrontale cortex en de somatosensorische cortex werken samen wanneer we korte- en langetermijngevolgen tegen elkaar afwegen.

voelens koppelt aan korte- en langetermijnopbrengsten. Het idee van gevoelens klinkt misschien ingewikkeld, maar toch is het heel simpel te verklaren op basis van nieuwe neurologische inzichten die aan het licht zijn gebracht door het werk van Antonio Damasio en zijn onderzoeksteam. Om hier wat meer duidelijkheid in te krijgen richten we ons op onderzoek bij patiënten met beschadiging aan een specifiek gedeelte van de hersenen, de orbitofrontale cortex, een gebied dat cruciaal blijkt voor de koppeling van gevoelens en acties.

Patiënten met beslissingsproblemen

De orbitofrontale cortex beslaat het onderste gedeelte van de frontale cortex, het gebied dat net achter je ogen ligt. Dit gebied van de hersenen heeft een bijzondere functie, want het heeft verbindingen met een aantal andere gebieden die belangrijk zijn voor emotionele beslissingen. Allereerst heeft het verbindingen met de limbische hersenen. Dit hersengebied ligt heel diep in de hersenen (onder de cortex). Het reageert direct op beloning en straf, en het reguleert emoties in zowel mensen als dieren. Over de limbische hersenen zullen we nog meer horen als risicogedrag wordt besproken, verderop in dit hoofdstuk. De orbitofrontale cortex heeft naast de verbinding met de limbische hersenen ook verbindingen met de somatosensorische cortex. Dit is het gebied van de hersenen waarin ons lichaam is gerepresenteerd, bijvoorbeeld het gevoel dat we hebben in onze benen, buik of borst. Ten slotte heeft de orbitofrontale cortex verbindingen met de laterale frontale cortex, die in hoofdstuk 2 uitgebreid aan bod is gekomen. Dit gebied van de hersenen is belangrijk voor het kunnen plannen en onthouden van keuzes. De orbitofrontale cortex heeft dus de unieke locatie voor het afwegen van emotionele beslissingen, want het is in dit gebied dat emoties, lichaamssensaties en planningsvaardigheden bijeenkomen. Dat dit gebied cruciaal is voor het maken van goede keuzes blijkt uit onderzoek naar patiënten met beschadiging aan de orbitofrontale cortex. Voor het bekendste voorbeeld gaan we terug naar 13 september 1848, naar het verhaal van Phineas Gage.

Phineas Gage was aannemer in Vermont, en werkte aan de aanleg van een spoorweg. Hij was de leidinggevende van het spoorwegteam en had daarom veel verantwoordelijkheden, een baan die hij goed aankon want hij stond bekend als een betrouwbaar man. Hij was rustig en vriendelijk en kon goed opschieten met zijn werknemers. Terwijl zij bezig waren met de aanleg van een nieuwe spoorlijn gebeurde er iets verschrikkelijks: door een explosie schoot er een grote stalen buis met enorme snelheid de lucht in en doorboorde het voorhoofd van Gage. De buis ging bij zijn linkeroog zijn hoofd in en kwam er aan de bovenkant weer uit. Omstanders wisten zich geen raad en dachten dat dit het einde was van Gage. De verbazing was groot toen bleek dat Gage maar heel even buiten bewustzijn was en al snel weer bijkwam. Hij wist waar hij was, kon zijn naam zeggen en kon normaal bewegen, terwijl een groot gedeelte van zijn linkerhersenhelft was beschadigd. Gage werd onmiddellijk naar een arts gebracht die de wonden behandelde en na tien weken mocht hij weer naar huis. Na een paar maanden voelde Gage zich zelfs genoeg hersteld om weer aan het werk te gaan. Had hij het voorste gedeelte van zijn hersenen dan nergens voor nodig? Dit bleek toch niet het geval.

Ondanks het feit dat hij fysiek weer zijn werk kon doen, wilden zijn werkgevers hem toch niet meer aannemen. Waar hij vroeger een capabel man was die weloverwogen beslissingen nam, was hij nu snel geïrriteerd, agressief, impulsief en onbetrouwbaar. Met Gage was iets bijzonders gebeurd; door zijn hersenbeschadiging was zijn *persoonlijkheid* veranderd. Zover bekend heeft Gage nooit meer een leidinggevende positie bekleed en heeft hij ook niet lang een vaste baan kunnen behouden. Hij werkte in verschillende maneges, maar toen het in 1859 met zijn gezondheid achteruitging ging hij uiteindelijk bij zijn moeder wonen. Gage overleed in 1860. Er is toen geen onderzoek verricht naar zijn hersenen, echter in 1867 is alsnog zijn schedel onderzocht door de arts die hem na zijn ongeluk heeft behandeld. De arts stelde de grootte en locatie van hersenbeschadiging vast. Hij doneerde uiteindelijk de schedel en de stalen balk aan de ziekenhuisbibliotheek van Harvard, waar deze nog steeds te bezichtigen zijn.

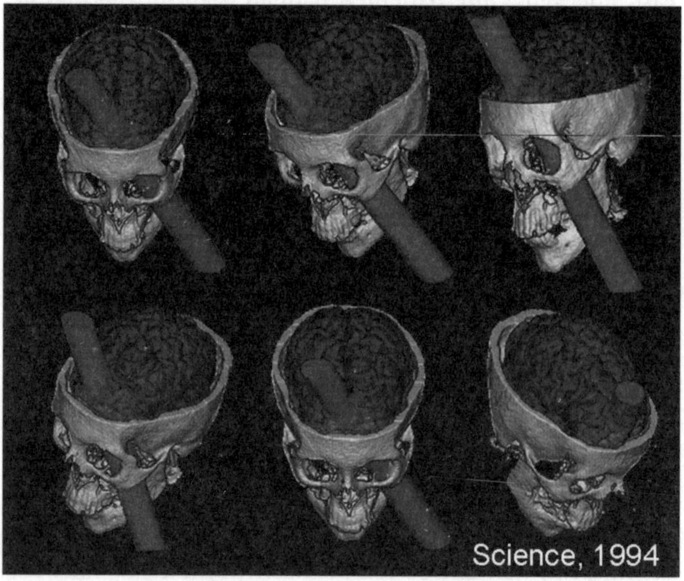

Afbeelding van de schedel van Phineas Gage nadat deze was doorboord met een staaf. Figuur uit Damasio et al. (*Science*, 1994).

De aantasting van de hersenen van Gage was erg groot. Zoals al gerapporteerd door de artsen in 1848 en 1867 was een groot gedeelte van de frontale cortex en omliggende schedel beschadigd. In 1994 hebben Antonio en Hanna Damasio deze beschadiging onderzocht met meer geavanceerde methodes, en zij lieten zien dat de beschadiging voornamelijk had plaatsgevonden in de orbitofrontale cortex. Inderdaad, het gebied dat op het grensvlak ligt van emoties en cognitie, blijkt bij beschadiging te leiden tot een persoonlijkheidsverandering.

Het is pas sinds een paar jaar dat er werkelijk een verklaring is gegeven voor deze gedragsverandering. In zijn werk als neuropsycholoog kwam Antonio Damasio wel vaker patiënten tegen met beschadiging aan de orbitofrontale cortex, maar het was altijd moeilijk om hun problemen in een test vast te leggen. Deze patiënten hadden geen moeite met geheugentests, motoriek of taalverwerking. Hun intelligentie bleef intact en ze konden abstracte problemen zonder moeite oplossen. Toch hadden deze patiënten, net als Gage, grote moeite in het dagelijks leven. Na hersenbeschadiging veranderden deze patiënten in risiconemende, impulsieve individuen, die vaak moeite hadden om een baan te behouden of hun huwelijk in stand te houden. Hun gedrag werd regelmatig beschreven als 'kinderlijk', omdat zij keuzes maakten die op de korte termijn veel opleverden maar op de lange termijn ondoordacht waren.

Damasio veronderstelde dat het gedrag van deze personen gebaseerd is op bevrediging op de korte termijn, en dat ze niet in staat zijn om vooruit te kijken. Dit komt niet omdat deze patiënten een situatie niet begrijpen, maar zij *voelen* niet aan wat de juiste keuze is. Damasio ontwikkelde een theorie, die hij de somatische bestempelingshypothese noemde. Volgens deze theorie maken wij in het dagelijks leven continu complexe keuzes waarbij het niet mogelijk is om steeds alle voor- en nadelen tegen elkaar af te wegen. We nemen immers continu beslissingen in een fractie van een seconde, we hebben simpelweg niet genoeg tijd om telkens lang na te denken over keuzes. Ons systeem is zo efficiënt dat we in staat zijn om heel snel de juiste keuzes te maken. Dit soort beslissingen maken we vaak op basis van een gevoel, dat ons vertelt dat wat we doen goed is of niet. Een eerdere situatie is 'bestempeld' met een prettig of onprettig gevoel, en deze gevoelens beïnvloeden nu de nieuwe situatie. Bijvoorbeeld, als je vorige maand ruzie hebt gemaakt met een collega of een klasgenoot en je voelde je daar vervelend over, dan hield je daar een naar gevoel aan over. Mogelijk ging je hart wat sneller kloppen en begon je te transpireren omdat er nare dingen werden gezegd. Als je vervolgens in een nieuwe situatie weer aan deze persoon of situatie terugdenkt, dan ervaar je mogelijk opnieuw die veranderingen in hartslag en transpiratie. Deze verbindingen tussen een situatie en het gevoel dat daarmee samengaat kunnen in de hersenen heel snel worden gelegd. Wanneer je een beslissing moet nemen waarbij verschillende alternatieven moeten worden afgewogen, worden al deze verbindingen actief en wordt het gevoel dat de overhand heeft gevolgd. Het is dus heel belangrijk om op je gevoel te vertrouwen om goede beslissingen te nemen.

Gokken in het laboratorium

In het laboratorium is de complexe beslissingssituatie die wij als mensen continu doormaken, nagebootst met een kaartspel, waarbij deelnemers moeten leren met welke kaartenstapels het meeste geld te verdienen is. In dit spel worden vier kaartenstapels gepresenteerd, A, B, C en D. Wanneer de deelnemer een kaart trekt van stapel A of stapel B, krijgt hij 100 dollar. Wanneer hij een kaart trekt van stapel C of D krijgt hij 50 dollar. In eerste instantie lijkt het dus beter om van stapel A of B te kiezen, want deze leveren meer geld op. Soms krijgt de deelnemer echter niet een beloning maar wordt er geld afgenomen. Dit is niet zo bij elke keuze, maar gebeurt maar af en toe, en de bedragen die worden verloren veranderen ook steeds. Daardoor is het heel moeilijk om uit te vinden welke stapels de beste zijn om van te kiezen. Als de deelnemer van de stapels blijft kiezen, blijkt dat stapels A en B uiteindelijk verliesgevend zijn, omdat hier de verliezen groter zijn dan de beloningen. Stapels C en D zijn uiteindelijk voordelig, omdat de verliezen hier kleiner zijn dan de beloning. In dit spel moet de deelnemer dus leren dat de keuzes die op de korte termijn het beste zijn (A en B), op de langere termijn verliesgevend zijn.

Als gezonde volwassenen deze taak uitvoeren leren ze gedurende de taak van strategie te wisselen, en switchen ze van keuzes A en B naar keuzes C en D. Interessant is dat zij eerder van de goede stapels kaarten pakken, dan dat ze uit ervaring kunnen aangeven welke keuzes beter zijn op de lange termijn. Het lijkt erop dat hun gevoel eerder aangeeft wat de goede keuzes zijn dan hun kennis over de taak. Dat blijkt ook uit de veranderingen in hun lichaamsreacties. Als zij tijdens de taak kiezen voor de gevaarlijke stapels A en B vertonen zij een toename in zweetreactie, terwijl deze toename niet te zien is bij het kiezen van stapels C en D. Het lichaam geeft met deze zweetreactie als het ware aan dat deze stapels gevaarlijk zijn. Wanneer patiënten met schade aan de orbitofrontale cortex deze taak uitvoeren blijven zij kiezen van stapels A en B, en leren zij niet te wisselen naar de stapels die beter zijn op de lange termijn. Deze patiënten ontwikkelen ook geen zweetreactie voorafgaand aan de gevaarlijke stapels. Wanneer zij echter een groot verlies moeten incasseren laten zij wel een zweetreactie zien, het is dus niet zo dat ze nooit emoties ervaren. Het gaat specifiek om de waarschuwingsemoties voorafgaand aan risicovolle of gevaarlijke keuzes. Volgens de somatische bestempelingshypothese maken patiënten met schade aan de orbitofrontale cortex veel onbezonnen keuzes in het dagelijks leven, omdat zij niet de lichaamswaarschuwingen ervaren die bij gezonde personen hun gedrag sturen.

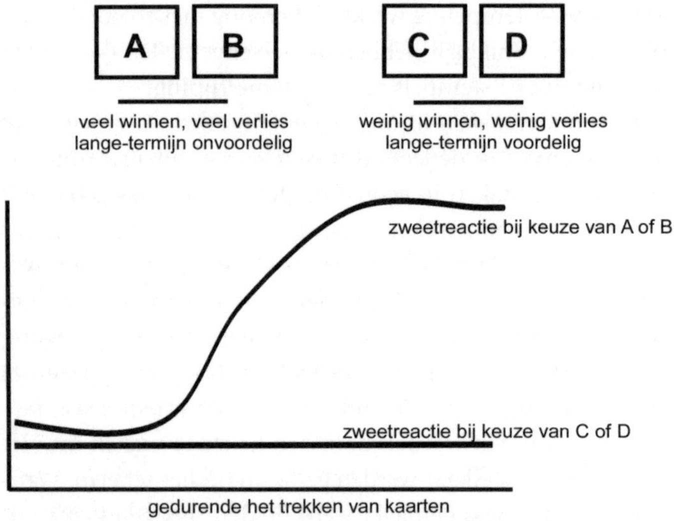

Tijdens het gokken in een kaartspelexperiment ontwikkelen gezonde volwassenen een zweetreactie voorafgaand aan een keuze van een gevaarlijke kaartenstapel. Gebaseerd op resultaten uit Bechara et al. (*Science*, 1997).

Somatische bestempeling in ontwikkeling

In de adolescentie spelen gevoelens en emoties een belangrijke rol, maar het is de vraag of deze altijd goed gebruikt worden om keuzes te sturen. Het is namelijk kenmerkend voor adolescenten dat zij vaak kortetermijnkeuzes maken. Onderzoekers hebben geprobeerd te achterhalen of dit mogelijk samenhangt met veranderingen in somatische signalen. Gebleken is dat de afwezigheid van somatische bestempeling inderdaad ook kenmerkend is voor de keuzes van adolescenten. De ontwikkeling van somatische stempels blijkt een complex proces, want veranderingen zijn waarneembaar tot na de pubertijd, namelijk tot achttien jaar. Onderzoeken toonden aan dat adolescenten in de leeftijd van zestien tot achttien jaar de eerste tekenen van somatische bestempeling laten zien, maar deze bestempeling werkt bij hen nog niet zo goed als bij volwassenen. Blijkbaar hebben de hersengebieden die zorgen voor somatische stempels een langzame rijping.

In de onderzoeken in ons eigen laboratorium vroegen we aan deelnemers in de leeftijd tussen zes en vijfentwintig jaar om keuzes te maken in een computertaak die was gebaseerd op het eerder genoemde kaartspel, maar de vormgeving was dusdanig veranderd dat de taak ook goed te begrijpen was voor de jongste deelnemers. In deze taak werd aan de deelnemers gevraagd om appels te verzamelen voor een hongerig ezeltje. Hoe meer appels zij overhielden, hoe meer punten ze uitgekeerd kregen aan het eind van het experiment. De appels konden gewonnen worden door een keuze te maken uit vier deuren die naast elkaar werden getoond op het scherm. Wanneer een keuze was gemaakt werd de deur geopend en werd getoond hoeveel appels waren gewonnen of verloren. Ook hier werd bij deuren A en B veel gewonnen, maar werd er af en toe een groot aantal appels weggenomen waardoor deze deuren op lange termijn verliesgevend waren. Deuren C en D gaven minder beloning, maar het verlies was ook kleiner en daardoor leverden deze deuren uiteindelijk het meeste op.

Kinderen van zes tot tien jaar kozen overwegend voor deuren A en B; zij kozen dus alleen voor de kortetermijnwinst, en hadden geen oog voor de langetermijngevolgen. In deze zin lijken deze kinderen in hun keuzepatroon op patiënten met beschadiging aan de orbitofrontale cortex. Dit keuzepatroon verandert in de adolescentie, wanneer jongeren leren om langetermijnkeuzes te maken, maar zelfs bij zestien- tot achttienjarigen is het keuzepatroon nog niet zo langetermijngericht als bij volwassenen in de leeftijd van twintig tot vijfentwintig jaar. Voor adolescenten is het nog moeilijk om langetermijnconsequenties van hun gedrag te overzien en wint de mogelijkheid tot snelle winst het van veilige keuzes.

Om te onderzoeken of deze veranderingen ook samenhangen met veranderingen in lichaamssignalen hebben we bij deze deelnemers ook zweetreactie en hartslagveranderingen gemeten. Wat blijkt? Pas bij zestienjarigen werd de eerste indicatie gevonden van een waarschuwingssignaal voorafgaand aan een gevaarlijke keuze, hoewel bij deze leeftijdsgroep dit waarschuwingssignaal nog niet zo sterk aanwezig was als bij twintig- tot vijfentwintigjarigen. Wanneer de deelnemers een groot verlies leden, was er wel al vanaf jonge leeftijd een zweetreactie en hartslagverandering te zien. Dat betekent dat de deelnemers het wel degelijk vervelend vonden om te verliezen (net als patiënten met beschadiging aan de orbitofrontale cortex), maar dat zij niet anticipeerden op de mogelijke slechte uitkomst. De waarschuwingssignalen zijn nog in de maak en dit leidt tot soms ondoordachte beslissingen. Adolescenten weten misschien rationeel prima te benoemen welke situaties gevaarlijk zijn en welke niet, maar zij *voelen* het niet. Dus als Suzanne toch besluit naar het feestje te gaan in plaats van haar neef te helpen, dan weet zij wellicht wel dat dit misschien niet zo aardig is, maar het vervelende gevoel haar neef teleur te stellen wint het nog niet van het opgetogen gevoel van het aankomende feestje.

Risico's en gevaarlijke keuzes: een overactief emotiesysteem

Al sinds de eerste beschrijvingen van adolescentie wordt risicogedrag als belangrijkste kenmerk van deze periode aangewezen. Adolescenten doen dingen die (de meeste) volwassenen nooit zouden doen, zoals skateboarden op de leuning van een brug, of hun brommer opvoeren. Onderzoek met vragenlijsten heeft dan ook aangetoond dat adolescenten meer behoefte hebben aan spannende gebeurtenissen dan jonge kinderen, en dat zij gevaarlijke situaties nog niet goed kunnen inschatten. Hoe kan het toch dat zij risicosituaties zo anders ervaren dan volwassenen?

Allereerst is het belangrijk te weten dat adolescenten niet alle risicosituaties anders inschatten dan volwassenen. Als een vaas wordt getoond met vier rode en twee blauwe ballen, en de opdracht is om te gokken welke bal zal worden getrokken, kunnen ze zonder problemen aangeven wat de kansen op winst en verlies zijn. Wanneer vervolgens wordt gezegd dat ze met de blauwe bal vijf punten kunnen winnen en met de rode bal één punt, zullen ze iets vaker hun punten inzetten op de blauwe bal, maar nog steeds verschillen ze hierin niet van volwassenen, want die doen dat ook. Rationeel kunnen adolescenten dit soort situaties goed inschatten. Waarin zij verschillen met volwassenen, zijn de emoties die zij ervaren wanneer ze de beloning in het vooruitzicht zien, of de beloning of het verlies daadwerkelijk ervaren. Om te begrijpen hoe dit zit gaan we ons verdiepen in een nieuwe hersenstructuur die hierboven al even kort aan bod is gekomen, namelijk de subcorticale (diep in de hersenen liggende) basale ganglia, met daarin een beloningscentrum: de nucleus accumbens.

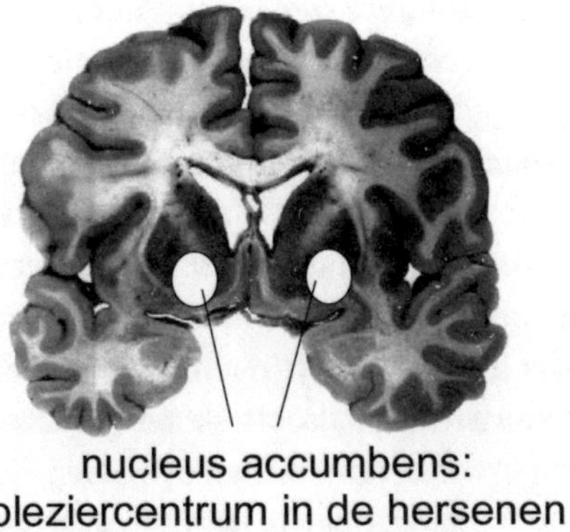

Afbeelding van de nucleus accumbens, het pleziercentrum in de hersenen (vooraanzicht).

De rol van de basale ganglia bij winnen en verliezen

De basale ganglia bestaan uit een aantal kernen die diep in de hersenen gelokaliseerd zijn, en die voornamelijk bekend zijn vanwege hun belangrijke rol in het initiëren van beweging. Dat is echter zeker niet de enige rol van de basale ganglia. Deze hersenkernen hebben belangrijke verbindingen met de frontale cortex en hersengebieden die belangrijk zijn voor het verwerken van emoties. Een specifiek onderdeel van de basale ganglia, de nucleus accumbens (dit betekent letterlijk: aanliggende kern), heeft vooral veel verbindingen met emotionele gebieden in de frontale cortex. De nucleus accumbens wordt vaak beschreven als het pleziercentrum van de hersenen omdat het zo gevoelig is voor beloning. Dat weten we uit de volgende experimenten: als bij ratten een elektrode in dit hersengebied wordt geplaatst waardoor zij zelf dit gebied kunnen stimuleren, dan zal de rat dit steeds meer en meer gaan doen, en de rat zal deze zelfstimulatie zelfs prefereren boven voedsel. Dit komt doordat er in dit hersengebied een bepaalde stof wordt gemaakt (dopamine) die voor een prettig gevoel zorgt. Een tweede reden waarom de nucleus accumbens als het pleziercentrum wordt gezien is omdat het zo'n belangrijke rol speelt bij verslavingsgedrag. Verondersteld wordt dat dit gebied sterk gevoelig is voor verslavende middelen, zoals cocaïne. Een betere of minder goede werking van dit hersengebied zal dan ook samenhangen met een grotere of minder grote verslavingsgevoeligheid. Dus, de nucleus accumbens kan worden gezien als het pleziercentrum in de hersenen bij zowel dieren als mensen.

Verschillende onderzoeken hebben laten zien dat bij gezonde volwassenen dit gebied ook sterk gevoelig is voor beloning. Maar niet alleen de beloning zorgt voor activiteit in de nucleus accumbens, ook een teken dat aangeeft dat er *mogelijk* een beloning aankomt zorgt al voor activiteit in dit gebied. In een Amerikaans onderzoek werd aan deelnemers gevraagd om steeds op een knop te drukken als een piraatje op het scherm verscheen. Enkele seconden daarna kregen de deelnemers een beloning te zien. Er waren drie typen piraatjes en tijdens het uitvoeren van de taak bleek dat deze voorspellend waren voor de hoogte van beloning. Bijvoorbeeld, de piraat met het zwaard werd altijd gevolgd door een kleine beloning, maar de piraat met een dolk werd altijd gevolgd door een grote beloning, en een derde piraatje gaf een middelgrote beloning. Analyse van activiteit in de hersenen tijdens deze taak liet zien dat alleen al het zien van de piraat die gepaard ging met een grote beloning, leidde tot een toename van activiteit in de nucleus accumbens. Deze resultaten geven dus blijk dat de nucleus accumbens al reageert op de *verwachting* van een beloning. Dit hersengebied is daarom ook erg belangrijk bij het inschatten van risico's, waarbij de verwachte beloning het soms kan winnen van de analyse van mogelijk gevaar.

De nucleus accumbens werkt samen met de frontale cortex in situaties waar winst, beloning, of risico een grote rol spelen. Zoals we hierboven eerder zagen is de nucleus accumbens erg gevoelig voor prikkels in de omgeving die beloning representeren, nog voordat hier zelfs op gereageerd is. De frontale cortex is het controlesysteem bij het sturen van de reactie op deze emotionele prikkels. Met name de orbitofrontale cortex speelt een belangrijke rol in het sturen van beloningsprikkels, zoals we hierboven ook al hebben gezien in het onderzoek van neuropsycholoog Damasio. Andere gebieden die een rol spelen bij het inschatten van risico's zijn de laterale frontale gebieden, deze zijn aanzienlijk voor het in de gaten houden van de langetermijndoelen. Bijvoorbeeld, als er een keuze moet worden gemaakt tussen direct een snelle beloning of een mogelijk grotere beloning op de lange termijn, dan zijn de emotiegerelateerde hersengebieden actief wanneer de keuze valt op de snelle beloning, terwijl de laterale frontale cortexgebieden actief zijn als er wordt gekozen voor de langetermijnalternatieven. Dit is waarschijnlijk zo omdat de laterale frontale cortex de rationele functie vervult bij het nemen van risicovolle beslissingen, deze maakt het mogelijk dat je alternatieven tegen elkaar kunt afwegen en zorgt voor een langetermijnfocus.

In de adolescentie zijn er veranderingen gaande die ervoor zorgen dat de emotionele en rationele hersengebieden op een andere manier gaan samenwerken. Dit leidt er soms toe dat het rationele gebied het niet altijd kan winnen van het emotionele gebied, omdat het emotionele gebied een dominantere rol speelt. In tegenstelling tot de rationele frontale cortex, zijn de emotionele nucleus accumbens en amygdala sterk gevoelig voor hormonale verandering. Door het vrijkomen van het vrouwelijke hormoon oestrogeen bijvoorbeeld verandert de gevoeligheid van de amygdala. Dit uit zich ook weer in veranderingen in gevoeligheid voor emotionele situaties. Dezelfde mannelijke gezichten worden bijvoorbeeld als meer of minder aantrekkelijk beoordeeld afhankelijk van de fase van de menstruele cyclus waarin een vrouw verkeert. Het mag duidelijk zijn dat de emotionele hersengebieden daarom sterk beïnvloed worden door de aanzet van de pubertijd.

Bij jonge kinderen waarbij de pubertijd nog niet is begonnen werkt de frontale cortex nog niet zo goed als bij oudere kinderen, maar hun emotionele hersengebieden (amygdala en nucleus accumbens) houden zich ook nog koest. Ze zijn daarom minder geneigd om risicosituaties op te zoeken. Kinderen doen daarnaast ook nog een beroep op hun ouders bij de vraag welk gedrag wel of niet gepast is. Tijdens het begin van de pubertijd wordt dit systeem uit balans gebracht. De emotionele hersengebieden worden, onder invloed van toenemende hormonale veranderingen, extra gestimuleerd en extra gevoelig. De regulerende frontale cortex is echter nog lang niet uitgerijpt. Dus het emotiesysteem is hypergevoelig, terwijl het regulatiesysteem nog niet in staat is om deze gevoeligheid onder controle te houden. Het is pas in de volwassenheid dat we deze twee systemen goed op elkaar kunnen afstemmen.

Overactief emotiesysteem in de adolescentie

Onderzoekers hebben de balans tussen emotiesystemen en controlesystemen in de hersenen verder onderzocht in een laboratoriumsituatie, waarin aan adolescenten gevraagd werd om een beloningsspel te spelen. In de eerste studie werd de taak met de drie piraatjes aangeboden aan deelnemers in de leeftijd zeven tot tien jaar (prepubertijd), dertien tot zeventien jaar (pubertijd en adolescentie) en drieëntwintig tot negenentwintig jaar (volwassenen). De deelnemers moesten steeds op de knop drukken als zij de piraat zagen en leerden gedurende de taak dat sommige piraatjes meer beloning opleverden dan andere. Alle deelnemers vertoonden meer activiteit in de nucleus accumbens (het pleziergebied) als ze een piraatje zagen dat een grote beloning aankondigde. Maar bij adolescenten was deze toename veel groter dan bij kinderen en volwassenen. Blijkbaar is op deze leeftijd dit gebied overactief. Daarnaast vertoonden ook alle deelnemers activiteit in de orbitofrontale cortex, het hersengebied dat belangrijk is voor het vormen van emotionele verbindingen. Ook hier was er echter een verandering te zien tussen de verschillende leeftijdsgroepen. Zowel jonge kinderen als adolescenten lieten grotere activiteit zien in dit hersengebied dan volwassenen. De adolescentengroep was dus uniek in een sterke reactie op mogelijke beloning in zowel hersengebieden die het plezier van beloning aangeven, als in hersengebieden die gedrag sturen richting beloning.

In een onderzoek in ons eigen laboratorium werd gekeken of deze leeftijdsveranderingen te maken hebben met de voorspelling of de uitkomst van een beloning. Deelnemers in de leeftijd elf tot twaalf jaar (begin pubertijd), veertien en vijftien jaar (midden adolescentie) en achttien tot vierentwintig jaar (eind adolescentie, begin volwassenheid) werden meegenomen naar een casinosituatie. De deelnemers kregen drie gokkasten te zien. In elke gokkast verscheen een plaatje van een stuk fruit. Als in alle drie de gokkasten hetzelfde plaatje verscheen ontvingen ze een beloning, anders niet. Deze opzet kon leiden tot de volgende drie mogelijke uitkomsten. Als er bijvoorbeeld een appel, daarna een sinaasappel en daarna een druif in de gokkast verscheen, dan wist de deelnemer al bij het tweede plaatje dat er niks te winnen viel (appel en sinaasappel zijn al niet hetzelfde). Maar als er een appel, en daarna nog een appel verscheen dan werd het spannend, want er zat een kans in dat er gewonnen ging worden. Enkele keren was dit ook zo, en kregen ze een derde appel te zien: grote winst dus. Maar een aantal keren was dit niet zo, en werd na de twee appels ander fruit getoond, bijvoorbeeld een druif of een kers. Een analyse van de hersengebieden die actief waren bij deze taak liet belangrijke verschillen tussen de leeftijdsgroepen zien. Niet alleen het krijgen van een beloning, maar ook het anticiperen op een mogelijke beloning resulteerde in een toename van activiteit in de nucleus accumbens. De anticipatiereactie was uitvergroot voor zowel de jonge adolescenten (elf tot twaalf jaar) als de middenadolescenten (veertien tot vijftien jaar) in vergelijking met de oudste leeftijdsgroep. Deze bevindingen laten zien dat in de adolescentie niet alleen het vooruitzicht op het krijgen van een beloning (zoals bij de piraatjes die een beloning aankondigden), maar ook het vooruitzicht op een *mogelijke* beloning (zoals wanneer er al twee appels te zien zijn) al resulteert in overactiviteit in het pleziergebied.

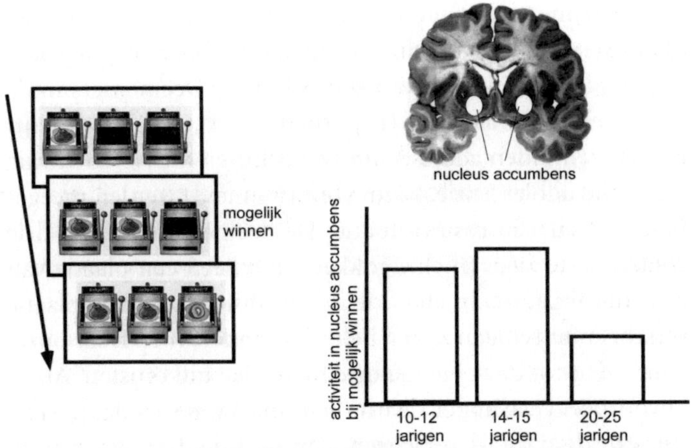

Illustratie van een item uit een goktaak, waarbij deelnemers anticiperen op een mogelijke winst (links). Winstanticipatie leidt tot activiteit in de nucleus accumbens (rechtsboven), en bij adolescenten is dit gebied extra actief (rechtsonder). Gebaseerd op resultaten uit Van Leijenhorst et al. (Brain & Development Laboratorium, 2008).

Adolescenten zijn dus extra gevoelig voor de mogelijkheid dat er een beloning aankomt. Deze overgevoeligheid in de hersenen zou ook kunnen verklaren waarom adolescenten spannende situaties opzoeken. Een spannende situatie hangt namelijk vaak samen met een mogelijke aantrekkelijke opbrengst; het is spannend om met je skateboard van een muurtje te springen, maar van een hoog flatgebouw springen is niet leuk want de kans dat dat goed afloopt is namelijk veel te klein. Of denk bijvoorbeeld aan jongeren die op de brommer naar huis gaan na schooltijd. Een van hen bedenkt dat het leuk is om over het voetpad te scheuren en te slalommen langs paaltjes. Op zo'n moment kun je denken aan de mogelijkheid dat je valt, of iemand aanrijdt. Maar je kunt ook denken aan de kick van het hardrijden en hoe leuk het zal zijn om dit samen met je vrienden te doen. Op basis van hersenonderzoek weten we nu dat bij adolescenten alleen de mogelijkheid van dit 'belonende' gevoel al genoeg is om het pleziergebied in de hersenen te ontsteken.

Het betekent dat op het moment dat er een keuze moet worden genomen ('Rijd ik voorzichtig en houd ik me aan de regels die ik heb moeten leren om mijn brommerrijbewijs te halen of doe ik mee?'), het vooruitzicht van de kick al de overhand neemt, en het niet wint van het rationele hersengebied dat de gevaren aanduidt. Deze strijd tussen emotie en rationele hersengebieden toont wederom aan waarom adolescenten soms wel, en soms geen verstandige keuzes maken. Voor ouders en leraren leidt dit soms tot moeilijk te voorspellen situaties. Als je je dus afvraagt bij de keuze van een adolescent: 'Wat dacht je in vredesnaam toen je dat ging doen? Waarom doe je zulke dingen? Dacht je dan helemaal niet na?', dan is het antwoord waarschijnlijk: 'Uhm... nee, ik deed het gewoon...'

Laten we wat dieper ingaan op deze keuzes. In de hierboven beschreven onderzoeken onderzochten we in het laboratorium welke hersengebieden actief zijn bij het anticiperen op een mogelijke beloning. Maar hoe worden de keuzes precies gemaakt? Hoe kiezen adolescenten tussen een gevaarlijke en een veilige situatie? Om dit te onderzoeken is in het laboratorium gebruikgemaakt van een rad-van-fortuintaak, wederom een taak die veel overeenkomsten heeft met risicosituaties zoals we die ook tegenkomen in het casino. In dit onderzoek was er bij het rad van fortuin een kleine kans op grote winst (een geldbedrag), of een grote kans op kleine winst. Deelnemers mochten steeds zelf aangeven of ze wilden spelen voor de kleine of grote winst. In deze studie kozen de adolescenten, in vergelijking met volwassenen, vaker voor de opties waarbij er een kleine kans was op grote winst. Zij gaven ook aan dat ze blijer waren met winst dan volwassenen, maar ze waren minder geraakt door verlies dan volwassenen. Wederom waren ze vooral gericht op de voordelen van risicogedrag maar besteedden zij niet veel aandacht aan de nadelen (het verliezen van geld).

Tijdens de taak lieten adolescenten daarnaast meer activiteit zien in de nucleus accumbens (hersengebied dat reageert op beloning), terwijl volwassenen meer activiteit hadden in de amygdala (emotiegebied dat reageert op gevaarlijke situaties) en de prefrontale cortex (controlegebied belangrijk voor het overzien van langetermijnconsequenties van gedrag). Dus, zowel bij het anticiperen op een situatie die een beloning kan opleveren als bij het maken van keuzes waar een risico-element in zit, worden adolescenten meer gestuurd door pleziergebieden in de hersenen. In de beschreven onderzoeken wordt steeds gebruikgemaakt van geld om beloning te variëren, maar dezelfde gebieden die gevoelig zijn voor een geldbeloning blijken ook gevoelig voor andere prettige opbrengsten, zoals chocola, aantrekkelijke gezichten, vriendschap en samenwerking. Dit betekent dat al deze 'belonende' situaties het gedrag van adolescenten kunnen beïnvloeden.

Goed idee, slecht idee?

Waarom doen pubers soms van die stomme dingen? Pubers skaten zonder helm of elleboogbescherming want dat is 'niet cool'. Zij leren pas op het allerlaatste moment voor een proefwerk en fietsen met zijn vieren naast elkaar op een weg waar auto's met hoge snelheid langsrazen. Denken zij soms niet na? Dat is een vraag die veel ouders, leerkrachten, maar ook onderzoekers bezighoudt. We weten nu dat bij pubers de emoties soms de overhand hebben en ze spannende dingen doen omdat ze hun impulsen nog niet goed kunnen controleren. Wanneer we ze vragen om over risicovolle situaties na te denken weten ze best of iets een goed idee is of niet. Ze weten dus waar ze mee bezig zijn zou je denken. Maar uit onderzoek is gebleken dat pubers, wanneer je ze vraagt stil te staan bij de risico's, soms echt op een andere manier dan volwassenen nadenken over dit soort situaties. Onderzoekers kwamen tot een bijzondere conclusie; het is namelijk zo dat als je adolescenten deze scenario's voorlegt, zij niet *niet* over situaties nadenken, ze denken soms juist meer na dan nodig zou moeten zijn, alleen leidt dit niet altijd tot betere inzichten.

In een onderzoek naar beslissingen gaven onderzoekers adolescenten hypothetische situaties waar ze een simpel antwoord op moesten geven: is dit een goed idee of is dit een slecht idee? Situaties die een goed idee konden zijn waren neutrale zinnen zoals: 'Een stukje wandelen?' De slechtidee-situaties konden zijn: 'Zwemmen met haaien?', 'Een glas kapotbijten?', of 'Van een dak afspringen?' Voor volwassenen overduidelijk slechte ideeën, maar voor adolescenten ligt dit anders. Waar volwassenen onmiddellijk antwoord gaven begonnen adolescenten een tijdje na te denken. Zwemmen met haaien, op zich gevaarlijk, maar het kan ook leuk zijn…

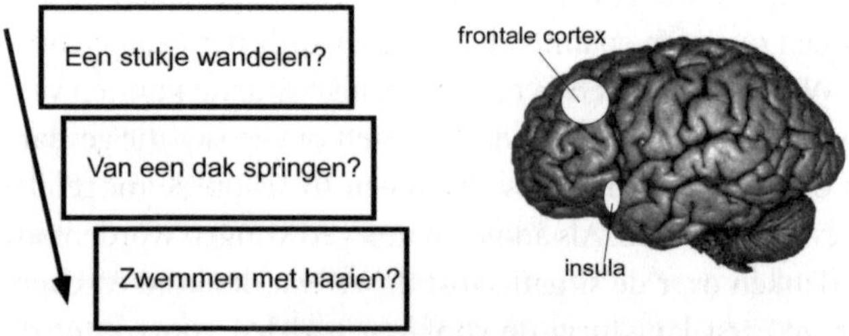

Illustratie van items uit een experiment waarbij deelnemers werd gevraagd om na te denken over ongevaarlijke en gevaarlijke scenario's (links). Bij deze taak zijn de frontale cortex en de insula belangrijk (rechts). Gebaseerd op resultaten uit Baird et al. (Adolescent Expert Meeting, Leiden, 2007).

Als we tijdens deze taak een kijkje in de hersenen nemen zien we het volgende gebeuren. Bij volwassenen worden bij de gedachte aan een gevaarlijke situatie de hersengebieden actief die ook actief zouden zijn als ze de situatie echt zouden meemaken. Een specifiek gedeelte van de hersenen dat belangrijk is voor het voelen van een nare reactie, de insula genaamd, werd direct geactiveerd. Dit gebied is ook actief als je iets naars ruikt, of een walging voelt voor een bepaalde situatie. Het gebied zorgt ook meteen voor een lichaamsreactie, zoals een rilling of een buikgevoel. Het was duidelijk dat volwassenen niet over de situatie hoefden na te denken, ze voelden meteen aan dat dit iets was wat ze niet wilden meemaken, en wat zorgde voor een afkeerreactie. Adolescenten daarentegen hadden geen activiteit in dit gedeelte van de hersenen, ze voelden blijkbaar deze afkeerreactie niet. Ze hadden echter wel meer activiteit in de frontale cortex, het gebied van de hersenen dat belangrijk is voor het afwegen van alternatieven. Als problemen worden opgelost via deze rationele weg, waarbij er over situaties moet worden nagedacht, neemt dit vaak veel tijd in beslag. Dat is niet zo handig als je snel moet beslissen of een situatie gevaarlijk is of niet. Als we deze bevindingen samenvoegen met de verhoogde activiteit in de emotiegebieden bij het nadenken over een spannende situatie wordt het plaatje compleet. Waar volwassenen in een gevaarlijke situatie kunnen vertrouwen op een 'gut feeling' dat aangeeft of een situatie gevaarlijk is of niet, hebben adolescenten een focus op de mogelijke positieve uitkomsten. Als adolescenten gedwongen worden om na te denken over de situatie kost dit ze wat denktijd en overwegen ze eerst langdurig de voor- en nadelen voor ze tot de conclusie komen dat iets een slecht idee is. Er werd langer nagedacht en er was meer activiteit in de frontale cortex. Volwassenen vertrouwen op hun intuïtie als ze snel beslissingen moeten nemen, en deze intuïtie is gebaseerd op eerdere ervaringen (via somatische bestempeling); adolescenten moeten lang nadenken en kunnen nog niet goed vertrouwen op hun intuïtie.

Onderzoek heeft wel aangetoond dat adolescenten verbeteren in het nemen van 'goede' beslissingen als het probleem zo simpel mogelijk wordt aangegeven, zonder te veel details. Deze bevinding impliceert dat het niet veel zin heeft om adolescenten in detail uit te leggen wat de mogelijke risico's zijn als ze bepaalde keuzes maken. In plaats daarvan heeft het meer zin om met zo weinig mogelijk details aan te geven dat bepaalde keuzes simpelweg geen goede optie zijn. Als Sam op de brommer van zijn oudere buurjongen naar zijn vriendjes wil rijden, is het mogelijk effectiever om hem te vertellen dat het verboden is om brommer te rijden tot je zestien bent omdat het te gevaarlijk is, dan om hem alle gevaren en mogelijke scenario's in detail uit te leggen en dan te hopen dat hij zelf tot de conclusie komt dat het geen goed idee is.

Als we deze bevindingen op een rijtje zetten komen we tot de volgende conclusie: als adolescenten zich in een niet-emotioneel prikkelende omgeving bevinden kunnen zij risico's goed inschatten en redeneren over mogelijke uitkomsten (zoals aan de keukentafel in een goed gesprek met hun ouders over de jongerenvakantie in Spanje). Zodra er echter een vooruitzicht is op een beloningsgevoel (in de breedste zin van het woord) dan worden de emotiecentra hyperactief (zoals in de discotheek in Spanje). Dit verklaart waarom adolescenten vaak op zoek gaan naar nieuwe uitdagende situaties, deze zoektocht is waarschijnlijk nodig in de weg naar maatschappelijke volwassenheid. Als adolescenten wordt gevraagd hoe zij over gevaarlijke situaties denken, blijkt dat zij niet meteen het waarschuwingsgevoel ervaren dat volwassenen wel kennen. Dit waarschuwingssysteem rijpt langzaam en komt pas op gang in de late adolescentie. Het voelen van wat goed of fout is, heeft ook belangrijke consequenties voor sociale relaties, maar dat is het onderwerp van het volgende hoofdstuk.

Ten slotte: vroege versus late hersenbeschadiging

Adolescenten proberen vaak nieuwe dingen uit, zoals skateboardspelletjes of nieuwe sporten. Toch leiden al te gevaarlijke escapades geregeld tot bezoekjes aan de eerste hulp, en soms kan een val zo hard zijn dat het hersenbeschadiging tot gevolg heeft. Wat doet dat eigenlijk met de puberhersenen, en reageren de emotionele gebieden hier anders op dan de rationele hersengebieden?

Over het algemeen wordt verondersteld dat het minder erg is om op jonge leeftijd hersenbeschadiging op te lopen dan op late leeftijd, omdat op jonge leeftijd de hersenen nog erg flexibel zijn. Omliggende hersengebieden kunnen dan nog gemakkelijk de functies van het beschadigde gebied overnemen. In veel gevallen is dat ook zo, vooral als het beschadiging aan de rationele cortex betreft. Maar voor emotionele hersengebieden, zoals de amygdala en de orbitofrontale cortex ligt dat even anders.

Wanneer patiënten vroege beschadiging oplopen aan de amygdala dan zijn hun beperkingen vaak groter dan wanneer zij pas als volwassene beschadiging krijgen aan dit hersengebied. Dit blijkt uit verschillende tests waarbij emotionele situaties moeten worden ingeschat. Hoewel patiënten die als volwassene beschadiging oplopen aan de amygdala ernstige beperkingen hebben in het herkennen van negatieve emoties op gezichten, kunnen zij wel vaak uitleggen wat bijvoorbeeld de emotie angst is, en kunnen zij de gevoelens die hierbij horen beschrijven. Ze voelen die emoties misschien zelf niet meer, maar ze weten wel wat deze emoties zijn, omdat ze deze ooit eerder zelf hebben ervaren. Patiënten die al heel vroeg in de kindertijd beschadiging hebben opgelopen aan de amygdala kunnen dit niet.

Hetzelfde geldt voor de orbitofrontale cortex. Onderzoekers uit Iowa beschreven eerder twee patiënten die op jonge leeftijd hersenbeschadiging hadden opgelopen aan de orbitofrontale cortex. De eerste patiënt was overreden door een auto toen zij vijftien maanden oud was. Rond de tijd van het ongeluk leek het alsof ze wonderbaarlijk snel weer hersteld was en was er aan haar gedrag niets te merken, maar dit veranderde toen ze in de pubertijd raakte. De eerste symptomen van abnormaal gedrag waren al te zien in de kindertijd, toen zij niet leek te reageren op het krijgen van straf. Als veertienjarige ondervond zij veel problemen, omdat ze zich moeilijk aan regels kon houden en veel ruzie had met leeftijdsgenoten en haar ouders. Ze stal vaak en raakte betrokken bij vechtpartijen. Ook loog ze veel en liep weg van huis. Het leek alsof ze op geen enkele manier rekening hield met wat er in de toekomst kon gebeuren en ze alleen plannen maakte voor de korte termijn. Opmerkelijk was dat zij wel in staat was goed te presteren op school, blijkbaar was haar intelligentie niet aangetast. Op twintigjarige leeftijd werd zij onderzocht door artsen in Iowa. Er werden hersenscans gemaakt en een groot gedeelte van de orbitofrontale cortex bleek beschadigd. Er werd haar gevraagd om een groot aantal tests te maken en hoewel ze op alle rationele tests gemiddeld of bovengemiddeld scoorde maakte zij voornamelijk kortetermijnkeuzes op de goktaak met kaarten (zoals beschreven in het onderdeel over patiënten met orbitofrontale schade). Haar gedrag was net zo risicovol, of zelfs risicovoller dan dat van patiënten die op volwassen leeftijd beschadiging opliepen aan de orbitofrontale cortex.

Eenzelfde scenario voltrok zich bij een jongen bij wie op de leeftijd van drie jaar een tumor werd ontdekt in zijn orbitofrontale cortex. Deze werd succesvol verwijderd en bovendien leek zijn gedrag er totaal niet door aangetast. Dat veranderde toen hij de schoolgaande leeftijd bereikte. Hoewel hij normaal kon leren had hij veel moeite met het onderhouden van vriendschappen, en rond de leeftijd van negen jaar had hij geen enkele motivatie meer om dingen af te maken. Hij werd buitengesloten in sociale situaties omdat hij onverwacht woede-uitbarstingen kon hebben. Ook al maakte hij de middelbare school af, hierna kon hij geen plannen maken voor de toekomst en deed niets anders dan muziek luisteren en tv kijken. Ook deze jongen loog veel, kon geen vriendschappen onderhouden en had nauwelijks empathische gevoelens naar anderen toe. Hij leed aan obesitas en was afhankelijk van zijn ouders voor geld. Ook hij werd door de artsen in Iowa onderzocht, op de leeftijd van drieëntwintig jaar, en ook bij hem bleek uit een hersenscan een grote beschadiging aan de orbitofrontale cortex. Wederom presteerde hij zonder problemen op rationele tests, maar maakte hij alleen kortetermijnkeuzes op de goktaak met kaarten.

Opmerkelijk aan beide patiënten is dat ze waren opgevoed in stabiele gezinnen, waarbij er geen enkele indicatie was van neurologische of psychiatrische stoornissen. Beide patiënten hadden broers en zussen bij wie er geen enkele indicatie was van onbehoorlijk gedrag. Het lijkt erop dat de beschadiging aan de orbitofrontale cortex vroeg in de kindertijd heeft geleid tot grote beperkingen in emotie- of gedragsregulatie. Uit deze voorbeelden blijkt dat andere hersengebieden niet in staat waren om de functies van het beschadigde gebied over te nemen. De limbische gebieden van de hersenen, en ook de aanliggende gebieden zoals de orbitofrontale cortex blijken minder plastisch dan de cortex, waardoor beschadiging blijvende en ernstige gevolgen heeft.

4

Het sociale brein

The choking game

De veertienjarige Gabriël en zijn vrienden hadden erover gelezen op internet. Het was in hun ogen een onschuldig spel, dat wel een ongelooflijke kick gaf. Het was eigenlijk heel simpel: als je tijdelijk geen zuurstof toeliet in je hersenen kreeg je een waanzinnig 'high' gevoel. Eerst lazen ze er alleen over, ze zeiden tegen elkaar dat ze het ook best durfden en dat ze het wel eens zouden uitproberen. Ze hoorden erover op school en de details waren makkelijk te vinden op internet of via vrienden. Bij de *choking game*, ook wel de *fainting game* of de *pass-out game* genoemd, gaat het erom dat je tijdelijk buiten bewustzijn raakt, bijvoorbeeld door een touw om je nek te binden of bij iemand anders de keel dicht te drukken. Hierdoor wordt het zuurstofkanaal afgesloten en kan er geen zuurstof bij de hersenen komen. Als Gabriël en zijn vrienden het goed zouden doen dan kon er niks misgaan, dachten zij. Het zou wel te gek zijn om het allemaal een keer uit te proberen en er met elkaar over te praten.

Een oudere jongen op school liet hun zien hoe het moest, en hoe je druk kon uitoefenen op het zuurstofkanaal. Samen met zijn broer probeerde Gabriël het uit. 'Een beetje vreemd maar wel een bizarre ervaring,' zei zijn broer na afloop. Gabriël had er gemengde gevoelens over. De ene keer zei hij dat hij het fantastisch vond, de beste ervaring ooit, de andere keer zei hij dat hij het deed uit 'peer pressure': zijn vrienden deden het ook en hij wilde niet buiten de groep vallen. Nadat ze het een paar keer uitgeprobeerd hadden, had Gabriël vaak rood doorlopen ogen en was hij op onvoorspelbare momenten erg agressief. Het was onduidelijk voor de familie waar deze symptomen vandaan kwamen, ze hadden geen idee met welke gevaarlijke activiteiten Gabriël en zijn broer zich inlieten. Toch ontdekte Gabriëls moeder op een dag dat zij rare spelletjes speelden, hoewel ze nog steeds niet precies begreep wat het inhield. Ze verbood hun onmiddellijk het ooit nog te doen. Gabriël begreep niet waar ze zich zo over opwond. 'Het is geen big deal, ik neem toch geen drugs of alcohol,' was zijn reactie. Helaas was deze waarschuwing voor Gabriël niet genoeg. Op een middag vond Gabriëls broer hem buiten bewustzijn op zijn kamer met een touw om zijn nek. Enkele uren later overleed hij in het ziekenhuis.

In 2006 publiceerde de Youth Health Risk Behavioral Survey in Williams County Ohio (Verenigde Staten) dat 11 procent van de jongeren tussen twaalf en achttien jaar de choking game wel eens had uitgeprobeerd. Bij volwassenen komt dit spel niet of nauwelijks voor. Sinds 1995 zijn er in de Verenigde Staten al meer dan tachtig jongeren bij overleden, hun gemiddelde leeftijd is dertien jaar. Ook al waren er talloze momenten waarop Gabriël, zijn broer, of iemand anders in hun vriendenclub had kunnen melden bij zijn ouders of leraren dat zij met gevaarlijke praktijken bezig waren, dat het misschien wel eens verkeerd kon aflopen, deed niemand iets. De jongeren hadden geen inzicht in een van de meest basale morele waardes: respect voor het leven en zorg dragen dat mensenlevens worden gespaard. Wanneer mensen deze waardes niet in acht nemen wordt er vaak gesproken over een gebrek aan moreel inzicht, of psychopathie. Maar deze aandoening, waarbij er geen respect is voor eigen of andermans leven, komt zeer zelden voor. Hoe kan het dat een hele groep jongeren zich schuldig maakte aan deze gevaarlijke situaties?

Het is zeer onwaarschijnlijk dat zij allemaal psychopathische gedragsneigingen hadden. Hoewel bovenstaande situatie, waarbij een groepsspel resulteert in de dood van een van de jongens, gelukkig zeer uitzonderlijk is, is de manier waarop er geredeneerd wordt in deze situaties helemaal niet zo uitzonderlijk voor adolescenten. Er wordt onderling gesproken over uitdagingen, zoals in de choking game, de gevaren worden gebagatelliseerd en jongeren speculeren over de kick die het hun zal geven. Het geeft een samenzweerderig gevoel, het is spannend, maar er wordt compleet onderschat wat de gevolgen kunnen zijn ('Dat overkomt mij niet'). Daarnaast is er in de adolescentie een steeds grotere invloed van de sociale omgeving, met name de bezigheden van leeftijdsgenoten. In dit hoofdstuk wordt besproken waarom tieners onder invloed van de sociale omgeving soms zulke ondoordachte dingen doen en hoe de rijping van hersengebieden hiertoe bijdraagt.

Dat tieners veel belang hechten aan de mening en waardering van vrienden is duidelijk; in deze leeftijd wordt een aanzienlijk groter gedeelte van de tijd doorgebracht met leeftijdsgenoten. Een groot gedeelte van de tieners tussen twaalf en zeventien jaar is actief op sociale-netwerkwebsites, zoals Hyves, Facebook en virtuele ontmoetingsplekken. Ook al vinden ouders het vaak jammer dat hun minder wordt toevertrouwd, het is een normaal onderdeel van de omschakeling van pubers in hun sociale focus. Leeftijdsgenoten zijn in deze periode van de adolescentie nu eenmaal interessanter, en jongeren maken op vele manieren gebruik van de mogelijkheid om met vrienden te overleggen en weetjes, geheimen of de laatste nieuwtjes uit te wisselen.

Onderzoeken naar sociale oriëntatie bij adolescenten hebben aangetoond dat tienjarige kinderen vooral met leeftijdsgenoten omgaan om samen dingen te doen, zoals buitenspelen of naar een sportclub gaan. Een groot gedeelte van de tijd wordt ook nog besteed aan gezamenlijke activiteiten met de ouders. Dit patroon verandert aanzienlijk bij veertienjarige jongeren. Zij geven aan veel minder tijd met hun ouders te willen doorbrengen, en veel meer tijd met leeftijdsgenoten. Ook het type activiteiten verandert. Op deze leeftijd vinden jongeren het belangrijker om met elkaar van gedachten te wisselen en te discussiëren, de vriendschappen worden persoonlijker en intiemer. Waar komt deze verandering vandaan?

Wetenschappers hebben al decennia lang de veranderingen in sociaal gedrag van jongeren beschreven, vooral in termen van hoe jongeren morele beslissingen nemen, hoe zij nadenken over de gedachten van anderen en hoe zij situaties kunnen bekijken vanuit verschillende perspectieven. De veranderingen hierin blijken bepalend voor het type vriendschappen dat adolescenten met elkaar aangaan. Toch is er weinig bekend over hoe dit samengaat met veranderingen in de werking van de hersenen. Onderzoekers zijn pas sinds een jaar of vijf bezig om te kijken naar welke hersengebieden betrokken zijn bij sociaal gedrag, zoals keuzes waarbij jouw antwoord gevolgen heeft voor een ander. Deze onderzoeken hebben ons inzicht gegeven in welke hersengebieden belangrijk zijn bij deze keuzes bij volwassenen, maar hoe deze hersengebieden zich ontwikkelen weten we nog niet. De eerste onderzoeken daarnaar worden nu uitgevoerd, maar op dit moment kunnen we alleen nog maar speculeren over de gevolgen van rijping van deze hersengebieden. Desalniettemin kunnen we wel nadenken over de rijping van hersengebieden die zorgen voor veranderingen in sociaal gedrag bij jongeren, op basis van onze kennis over de werking van deze hersengebieden bij volwassenen.

Hoe verloopt sociale ontwikkeling?

Gabriëls vriendjes hadden eerder aan zijn ouders kenbaar kunnen maken dat Gabriël mogelijk gevaar liep, maar zij hadden hem beloofd om er niks over te zeggen, en kozen ervoor om die belofte zwaarder te laten wegen. Achteraf gezien was het natuurlijk verstandiger geweest om deze belofte te laten varen, op dat moment leek het echter belangrijker om trouw te zijn aan de vriendschap en geen geheimen te verraden. Voor de betrokken ouders was dit moeilijk te begrijpen; het was voor hen overduidelijk dat je in geval van gevaar voor leven, direct de betrokkenen waarschuwt om dit gevaar koste wat kost te voorkomen. Maar voor de jongens was hier sprake van een lastig moreel dilemma.

Veel onderzoek naar sociale ontwikkeling bij jongeren is gericht op moreel redeneren, een uiterst complex onderwerp waarbij afwegingen moeten worden gemaakt tussen je eigen belangen en de belangen van iemand anders. Wat moreel verantwoord is en wat niet, is een van de meest besproken issues in onze maatschappij. Normen en regels variëren van 'Wat je niet wilt dat jou geschiedt, doe dat ook een ander niet' tot meer complexere interpretaties waarbij morele redenaties niet altijd gebaseerd zijn op universele principes, maar op een persoonlijke interpretatie van de belangen in een bepaalde situatie. Denk maar aan vragen als hoe je moet omgaan met gevangenen, asielzoekers, of zelfbeschikkingsrecht van terminaal zieken. De heftige debatten die hierover worden gevoerd en de tegengestelde meningen van politieke partijen tonen al aan dat er vele manieren zijn om naar deze moeilijke situaties te kijken. Hierbij is het vaak niet mogelijk een simpele regel toe te passen, maar kunnen verschillende belangen met elkaar in strijd zijn.

De vaardigheid om over deze morele situaties te oordelen heeft een interessant ontwikkelingsverloop, dat al is beschreven door beroemde ontwikkelingspsychologen zoals Jean Piaget en Lawrence Kohlberg. Zij hebben in hun onderzoeken kinderen, jongeren en volwassenen verschillende scenario's voorgelegd en hun gevraagd naar hun redenaties over deze situaties. Een van de belangrijkste ontdekkingen was dat de manier van redeneren over morele situaties nog verandert totdat personen begin dertig zijn. Hier hebben we het dus over een ontwikkelingsfase die verder doorloopt dan simpelweg de tienerjaren, hoewel in de tienerjaren wel de grootste veranderingen plaatsvinden.

Volgens Jean Piaget verloopt de vaardigheid om over hypothetische morele situaties te oordelen in verschillende, onderscheidbare stadia. Ook al is deze theorie al meer dan vijftig jaar oud, wetenschappers debatteren er nog steeds over of het hier nu gaat om werkelijke *shifts* in stadia (bijvoorbeeld, een onmiddellijke shift van 'beloofd is beloofd' naar 'beloftes zijn afhankelijk van het gevaar dat ermee samenhangt'), of over een meer geleidelijke overgang, waarbij het ene redeneerstadium (beloftes houden hangt af van de situatie) langzaam het andere redeneerstadium (beloofd is beloofd) vervangt. Ook bestaat er nog onenigheid over de precieze leeftijden waarop kinderen van stadium veranderen. De ene wetenschapper vindt dat kinderen al veel eerder in een hoger stadium zitten dan de theorie voorspelt, de andere wetenschapper is het hier weer helemaal niet mee eens. Voor nu zijn deze debatten niet zo belangrijk.

Volgens de theorie van Piaget zijn kinderen in de leeftijd van zes à zeven jaar nog erg afhankelijk van de regels die ouders hun opleggen. In dit opzicht zijn relaties nog unilateraal: de ouders vertellen wat de regels zijn, en kinderen volgen deze nog zonder meer op. Ze kunnen er wel eens boos om zijn, maar de regels worden wel voor waarheid aangenomen. Een bekend voorbeeld hiervan is de situatie waarin twee jongetjes in de keuken voor brokken zorgen. Het eerste jongetje (Bram) doet de keukendeur open maar hij weet niet dat er achter de deur een stoel staat met daarop een dienblad met vijftien kopjes. Op het moment dat hij de deur opendoet valt het dienblad van de stoel en zijn alle kopjes kapot. Het tweede jongetje (Vincent) is op zoek naar koekjes. Hij gaat op een stoel staan om bij het keukenkastje te kunnen en ziet in de verte, achter de kopjes, een pak met koekjes liggen. Hij grijpt naar de koekjes, maar terwijl hij dat doet valt een van de kopjes uit de kast op de grond en is kapot. De vraag die wordt gesteld aan kinderen is wie er stouter is: Bram of Vincent? Zesjarige kinderen redeneren hier vaak dat Bram stouter is, want hij heeft vijftien kopjes kapotgemaakt en Vincent maar één. Met andere woorden, voor deze kinderen is de uitkomst van de handeling hetgeen waar je op beoordeeld wordt, en niet de intentie achter de handeling.

Rond de leeftijd van acht tot tien jaar zijn kinderen wel in staat om over intenties na te denken, zij zitten als het ware in een overgangsperiode. In deze leeftijdsfase ondernemen kinderen al meer activiteiten met leeftijdsgenoten en wordt de gelijkwaardigheid in deze relaties belangrijker. Vaak handelen zij volgens een soort *give and take*-principe: als jij wat voor mij doet, doe ik ook wat voor jou. Kinderen leren ook dat regels kunnen veranderen afhankelijk van de mening van de groep. In deze leeftijdsfase leren ze na te denken over de uitgangspunten van iemand anders, en het perspectief van de ander. Ze leren hierdoor ook beter om samen te werken.

In het laatste stadium, dat start rond de leeftijd van elf à twaalf jaar, accepteren jongeren niet langer blind het gezag van een ander of een autoriteit. Ze leren zelf na te denken over wat volgens hen een moreel geaccepteerde handeling is, en zullen niet langer de ouders volgen in hun regels en oordeel. In deze leeftijdsfase zijn regels niet langer vaststaand, maar het gevolg van een sociale overeenstemming, en kunnen ook veranderen als de groepsopinie verandert. Er wordt ook meer belang gehecht aan individuele motieven en intenties.

Een terugkerend thema in de beschrijving van morele redenaties is het punt van deze intenties: waarom voert iemand een bepaalde handeling uit? Op basis van de intenties die ten grondslag liggen aan de handeling wordt beoordeeld of de handeling acceptabel is of niet. Deze intenties zijn uitgewerkt in de bekende stadia van Lawrence Kohlberg. Deze onderzoeker bouwde voort op het werk van Piaget, en zijn denken werd voor een belangrijk deel beïnvloed door de tijd waarin hij zijn theorieën ontwikkelde. Volgens de bibliografieën over Kohlberg werd zijn denken gestuurd door zijn grote afkeer van onrechtvaardigheid. Volgens Kohlberg bestaan er geen moreel goede of foute antwoorden, maar ligt de mate van moraliteitsbesef in de manier waarop iemand afwegingen maakt in morele situaties. Een van deze scenario's, het Heinz-dilemma, werd een klassieker. Dit scenario verloopt als volgt:

> In een stad in Europa ligt een vrouw met een zeldzame ziekte op sterven. Er is een nieuw geneesmiddel waarvan de dokters denken dat het haar leven kan redden. Dit geneesmiddel bevat een stof die recentelijk is ontdekt door een apotheker die in dezelfde stad woont als de vrouw die op sterven ligt. De bereiding van het geneesmiddel is duur, maar de apotheker vraagt nog eens tienmaal zoveel. Hij betaalt zelf 100 euro om het geneesmiddel te kunnen maken en rekent 1000 euro voor een kleine dosis van het geneesmiddel. Heinz, de echtgenoot van de zieke vrouw, gaat bij al zijn kennissen langs om het geld te kunnen lenen. Hij kan echter maar 500 euro bijeenkrijgen. Hij vertelt de apotheker dat zijn vrouw stervende is en vraagt hem het geneesmiddel voor een lagere prijs te verkopen of hem toe te staan om later het verschil bij te betalen. Maar de apotheker zegt:

'Nee, ik heb het geneesmiddel ontdekt en ik wil er geld mee verdienen.' Heinz wordt wanhopig en overweegt om in de apotheek in te breken en het geneesmiddel voor zijn vrouw te stelen.
Mag Heinz het geneesmiddel stelen?

Het belangrijke aan dit soort dilemma's is dat het hier niet gaat om morele basale waardes. Iedereen weet immers dat stelen niet mag, en iedereen weet dat levens gespaard moeten worden. Deze dilemma's zijn interessant omdat hier basale waardes met elkaar in *strijd* zijn. Het is daarom belangrijk om deze tegengestelde belangen tegen elkaar af te wegen. In al de scenario's die Kohlberg ontwikkelde was er steeds sprake van een ambigue situatie, waarin twee personen tegengestelde perspectieven hebben. De morele waardes van deze personen zijn dus steeds met elkaar in competitie. Zo is er in het Heinz-dilemma een conflict tussen respect voor bezit versus respect voor een mensenleven. Door deze dilemma's voor te leggen aan kinderen van verschillende leeftijden toonden Kohlberg en collega's aan dat er een verandering is in inzicht in dit conflict.

Tienjarige kinderen blijken bij deze dilemma's vooral gericht op het krijgen van beloning en vermijden van straf. Bijvoorbeeld: er zijn kinderen die zeggen dat Heinz niet mag stelen, zij zullen redeneren dat hij dan straf krijgt en de gevangenis in moet. Er zijn ook kinderen die zeggen dat Heinz wel mag stelen omdat zijn vrouw hem dan erg aardig vindt. Tijdens deze leeftijdsperiode varen kinderen nog op gezag, en hechten belang aan concrete wederkerigheid (oog om oog, tand om tand). Deze fase neemt echter snel af als kinderen ouder zijn dan tien jaar.

Vanaf veertien jaar redeneren jongeren vaak volgens het principe dat sociale relaties belangrijk zijn, en dat individuen tegemoet moeten komen aan sociale regels en wetten. In het begin van dit stadium zullen jongeren redeneren dat het belangrijk is om goedkeuring te krijgen in sociale relaties (behandel een ander zoals jij wenst dat een ander jou behandelt). Dit stadium is veruit het meest vertegenwoordigd bij jongeren tussen veertien en tweeëntwintig jaar. Later wordt er in dit stadium ook belang gehecht aan verantwoordelijkheden binnen een sociaal systeem. Bijvoorbeeld, in het Heinz-dilemma zullen individuen redeneren dat Heinz niet mag stelen, omdat het nu eenmaal de afspraak is in onze maatschappij dat mensen geld mogen vragen voor hun bezittingen, en het een rare boel zou worden als iedereen dan maar ging stelen als hij of zij het product dat hij wil niet kan krijgen. Interessant is dat de mate waarin personen redeneren volgens dit stadium van sociaal geweten nog gradueel toeneemt tussen veertien en zesendertig jaar. Vanaf ongeveer vijfentwintig jaar vervangt dit stadium het hieraan voorafgaande stadium.

Het allerlaatste stadium van moreel redeneren dat Kohlberg beschreef, is het postconventionele stadium, waarin personen gericht zijn op idealen en morele principes. In dit stadium houden personen rekening met de sociale groep, maar erkennen daarbij principes als leven en vrijheid als universele waarden van de mens. Dit laatste stadium wordt echter maar door een klein aantal personen bereikt (minder dan 10 procent), zelfs in de leeftijdscategorie van zesendertigjarigen. Blijkbaar komt deze vorm van moreel redeneren niet veel voor in de maatschappij. Interessant is dat de test van moreel redeneren voorspellend is voor moreel gedrag in de dagelijkse praktijk. Bijvoorbeeld, jongeren die veel delinquent gedrag vertonen, zitten vaak in een lager stadium van moreel redeneren dan jongeren die geen delinquent gedrag vertonen. Deze jongeren kunnen minder goed nadenken over de intenties van anderen.

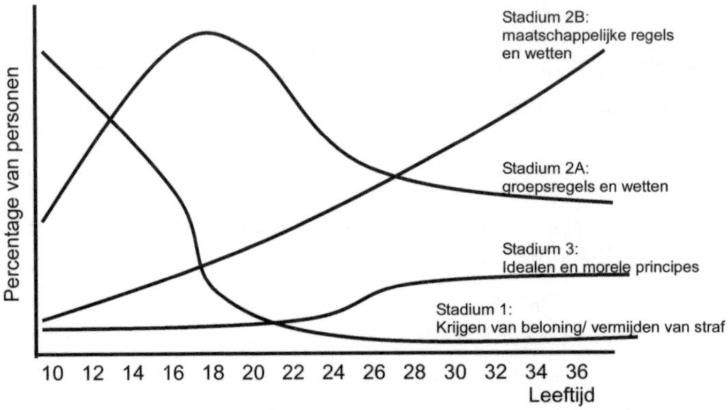

Ontwikkelingsverloop van morele redenatiestadia. Gebaseerd op resultaten uit Kohlberg (1979).

Robert Selman, een beroemd psycholoog werkzaam aan Harvard University, heeft de theorie dat jongeren steeds beter in staat zijn om iemand anders zijn perspectief in te nemen, oftewel, in iemand anders zijn schoenen te gaan staan. Dit zorgt er mogelijk ook voor dat ze anders gaan nadenken over morele dilemma's. Deze verandering van perspectief is ook belangrijk voor het type vriendschappen dat jongeren aangaan. In de kindertijd is er nog een egocentrisch perspectief op vriendschappen en relaties: andere kinderen worden gezien als speelmaatjes maar er wordt geen aandacht besteed aan hun gedachten of gevoelens (drie tot zeven jaar). In het volgende stadium begrijpen kinderen dat anderen gedachten en wensen kunnen hebben die niet dezelfde zijn als hun eigen wensen, maar er is nog steeds geen echte afstemming op deze gedachten. Leeftijdsgenoten worden nog steeds alleen gezien als speelmaatjes om plezier mee te hebben (vier tot negen jaar).

Wanneer kinderen leren reflecteren op de gedachten van anderen vindt er een grote verandering plaats in de aard van vriendschappen. In dit stadium leren kinderen dat er sprake is van wederkerigheid in sociale relaties, hoewel ze nog steeds niet goed in staat zijn om verschillende perspectieven naast elkaar te zetten en volledig het perspectief van de ander in te nemen. Ook al zijn vriendschappen nu gebaseerd op principes van wederkerigheid, ze worden nog niet gezien als relaties waarvoor langetermijninvesteringen nodig zijn (zes tot twaalf jaar). Het is pas in het volgende stadium dat jongeren in staat zijn om verschillende perspectieven naast elkaar te zetten, zoals die van henzelf, van de ander, en mogelijk van een derde persoon die de relatie observeert. Als dit stadium is ingezet worden relaties en vriendschappen intiemer en voortgebouwd op basis van vertrouwen (negen tot vijftien jaar). Het laatste stadium is gebaseerd op onderlinge afhankelijkheid. In dit stadium begrijpen jongeren dat er afhankelijkheid is in de relatie die gerespecteerd moet worden, maar dat ook autonomie binnen de relatie belangrijk is (vanaf twaalf jaar). Deze veranderingen in vriendschappen zijn allemaal terug te voeren op het principe van een verandering in de vaardigheid om iemand anders zijn perspectief in te nemen. Deze vaardigheid is nu juist veel onderzocht in hersenonderzoek bij volwassenen. Het volgende gedeelte van dit hoofdstuk zal hier meer uitleg over geven, zodat we er daarna over kunnen speculeren hoe de ontwikkeling van hersenfuncties mogelijk meer inzicht kan geven in de ontwikkeling van sociaal gedrag.

Morele hersenen

Welke hersengebieden zijn belangrijk voor de afweging van morele dilemma's? Dit blijkt geen eenvoudige vraag, want hoe weet je waar mensen aan denken als je ze in de scanner vraagt om een moreel dilemma te overwegen. Dat weet je eigenlijk alleen als je ze vraagt om een goed/fout-keuze te maken. Hoewel dit onderzoek afwijkt van de originele dilemma's van Kohlberg (waarbij er juist geen goed of fout antwoord was), heeft het ons toch veel inzicht gegeven in hoe verschillende hersengebieden samenwerken als er een afweging wordt gemaakt tussen 'moreel goed' en 'moreel fout'.

Joshua Greene, een filosoof en neurowetenschapper werkzaam aan Harvard University, heeft onderzocht welke hersengebieden bijdragen aan beoordeling van morele situaties. Zijn denken werd beïnvloed door het verschil in persoonlijke en niet-persoonlijke sociale dilemma's. Een voorbeeld van een persoonlijk dilemma betreft de situatie waarin je met een auto over een verlaten landweggetje rijdt. Op een gegeven moment zie je iemand langs de weg liggen die ernstig gewond is. Hij moet onmiddellijk naar het ziekenhuis en als jij het niet doet, is er niemand anders die kan helpen. De gewonde man is van jou afhankelijk voor hulp. Er zullen weinig mensen zijn die deze man laten liggen, en bijna iedereen voelt het als zijn of haar morele plicht om de man in nood te helpen en naar het ziekenhuis te brengen. In een niet-persoonlijk dilemma ligt de situatie anders. Hier kun je denken aan een brief op je deurmat die de schrijnende situatie van kinderen in een derdewereldland beschrijft. De kinderen hebben dringend inentingen nodig anders zullen velen van hen sterven, er wordt een klein bedrag gevraagd dat mogelijk vele levens kan sparen. Toch zijn mensen in deze laatste situatie veel minder snel geneigd om te helpen dan in de eerste situatie. Waarom is dat zo?

Om dit te onderzoeken legde Greene deelnemers verschillende scenario's voor. Een bekend voorbeeld uit zijn onderzoek is het *trolley*-dilemma. In dit dilemma komt er een trein aanrijden over het spoor, en dit spoor loopt uit op een T-splitsing: het kan de linkerkant uitgaan of de rechterkant. Nu blijkt dat er op het linkerspoor een man loopt die, als de trein naar links gaat, overreden zal worden. Echter, op het rechterspoor lopen vijf mannen, en als de trein naar rechts gaat zullen vijf mannen overreden worden. De deelnemer aan het experiment heeft controle over de wisselswitch, en kan besluiten of de trein naar links of naar rechts gaat. De meeste deelnemers zullen besluiten om de trein naar links te laten gaan, omdat er nu 'slechts' één man overreden wordt, in plaats van vijf mannen. Dit voorbeeld betreft een niet-persoonlijk moreel dilemma. In het geval van het persoonlijke dilemma ligt de situatie anders. Er komt wederom een trein aanrijden op het spoor. Verderop op het spoor lopen vijf mannen die overreden zullen worden als de trein niet stopt. Over het spoor loopt een brug, waar de deelnemer op staat, samen met een andere man. De deelnemer kan de trein stoppen door de man op de brug naar beneden te duwen, waardoor hij voor de trein zal vallen, overreden zal worden, en de trein zal stoppen. Het leven van de vijf andere mannen wordt hiermee gered. Ook al is er in dit dilemma ook sprake van één dode in plaats van vijf doden, deelnemers hebben veel meer moeite met dit persoonlijke dilemma dan met het niet-persoonlijke dilemma.

Deelnemers in het experiment werd ook gevraagd om scenario's te lezen die deze dilemma's beschreven, en bij ieder dilemma een goed/fout-beoordeling te geven. Tijdens deze beoordeling werd activiteit in de hersenen gemeten met fMRI. Tijdens de hele taak bleek een netwerk aan hersengebieden actief, waaronder hersengebieden die vaak worden geassocieerd met emoties (zie ook hoofdstuk 3) en hersengebieden die worden geassocieerd met redenatie (zie ook hoofdstuk 2). De actieve gebieden waren een mediaal gebied in de prefrontale cortex en twee gebieden die betrokken zijn bij emotionele evaluaties in de parietaalschors, namelijk de *angular gyrus* en de *posterior cingulate gyrus*. De redenatiegerelateerde gebieden die actief waren, waren de dorsolaterale prefrontale cortex en de parietale cortex (in hoofdstuk 2 zagen we al dat deze gebieden belangrijk zijn voor het werkgeheugen). Maar wat vooral interessant was, was dat de emotionele gebieden meer actief waren bij het nadenken over persoonlijke morele dilemma's, terwijl de redenatiegebieden meer actief waren bij het nadenken over niet-persoonlijke morele dilemma's. Blijkbaar roepen de persoonlijke dilemma's veel meer emoties op, en sturen deze emoties ook onze beslissingen. Als we dit toepassen op het eerder genoemde voorbeeld, dan zal onze keuze om de gewonde man naar het ziekenhuis te brengen vooral gestuurd worden door activiteit in emotionele hersengebieden, maar de keuze om wel of geen geld te geven aan stervende kinderen in een derdewereldland door een rationele overweging over besteding van financiële middelen.

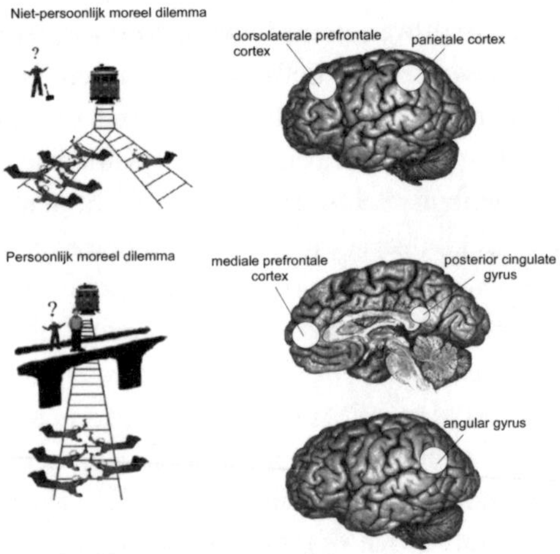

Illustratie van een niet-persoonlijk en persoonlijk moreel item (Trolley-dilemma) (links), en de hersengebieden die belangrijk zijn bij deze overwegingen. Trolley-items afkomstig van Joshua Greenes website: http://www.wjh.harvard.edu/~jgreene/. Gebaseerd op resultaten uit Greene et al. (*Science*, 2001).

Het morele dilemma waar de vrienden van Gabriël mee te maken hadden vereiste ook een goede afstemming tussen emotionele en rationele hersengebieden. Hun drang om de belofte aan Gabriël te houden werd mogelijk gestuurd door hun emotionele hersengebieden, die actief werden bij het idee dat ze zouden klikken. De emotionele hersengebieden gaven mogelijk aan dat ze dan niet meer bij de groep zouden horen, dat ze zouden worden buitengesloten of dat Gabriël heel boos op de verklikker zou worden. De rationele hersengebieden hadden de overweging kunnen maken dat als het spel uit de hand liep dit een gevaar voor het leven van Gabriël kon zijn. Het waarschuwen van de ouders kon dit gevaar mogelijk tegenhouden. De rationele hersengebieden hadden ook kunnen aangeven dat het belangrijk was om er een andere mening op na te houden dan de groep, en dat het beter was om op Gabriël in te praten en hem uit te leggen dat dit spel heel nare consequenties kon hebben; dat hij ermee moest stoppen. Waarschijnlijk hebben de rationele hersengebieden het uiteindelijk niet gewonnen van de emotionele hersengebieden, en hebben de vrienden van Gabriël zich daarom stil gehouden. Als zij tien jaar ouder waren geweest, dan hadden de rationele hersengebieden mogelijk meer connecties met elkaar gehad, en hadden ze de emotionele hersengebieden kunnen remmen, en zo hadden de rationele hersengebieden de strijd wel gewonnen. In de adolescentie is deze balans er echter nog niet, en worden morele afwegingen anders gemaakt dan in de volwassen leeftijd.

Eerlijke en samenwerkende hersenen

Op de school van Suzanne en Sam wordt een spelletjesdag georganiseerd. Iedereen kan punten winnen en wie de meeste punten heeft aan het eind van de dag wint een computer. Dertienjarige Sam heeft tegen het eind van de ochtend al flink wat punten en hij ziet die hoofdprijs wel zitten. Vijftienjarige Suzanne doet het ook erg goed en zij kijkt er ook al naar uit om de computer in de wacht te slepen. Bij het volgende spel maakt de docent een foutje in de puntentelling, Sam krijgt per ongeluk twee keer zoveel punten als hij verdiend heeft. Super, denkt Sam, dat schiet lekker op met die punten en straks heb ik die computer. Bij Suzanne gebeurt hetzelfde, maar zij heeft hier meer moeite mee. Haar tegenspeelster deed het ook al vrij goed, en nu komt zij er met meer punten vanaf terwijl ze dit eigenlijk niet verdiend heeft. Suzanne besluit het te zeggen, ook al geeft ze hiermee makkelijk haar punten weg. De docent waardeert het erg, en besluit haar extra bonuspunten te geven. Nu komt ze er eigenlijk nog beter vanaf, maar goed dat ze de docent hierin vertrouwd heeft.

Hoe maken we keuzes waarbij we een afweging moeten maken tussen onze eigen uitkomsten en de uitkomsten voor een ander? Wat vinden we eerlijk en wat vinden we oneerlijk? Wanneer werken we samen en wanneer niet? In het geval van Sam en Suzanne was er een duidelijk verschil in hoe zij eerlijke en oneerlijke situaties inschatten. Sam was blij met de makkelijke manier waarmee hij punten binnenhaalde, maar hij vergat hiermee te denken aan welke gevolgen dit had voor zijn tegenspelers. Het was niet eens zo dat Sam expres oneerlijk speelde, hij dacht er gewoon niet aan dat dit voor de anderen nadelig was en had alleen oog voor zijn eigen puntenaantal. Suzanne daarentegen, was zich meteen bewust van de gevolgen die haar punten hadden voor de andere spelers, en zij maakte een afweging tussen haar winst als ze niets zou zeggen, ten opzichte van de uitkomsten wanneer ze wel zou zeggen dat het puntenaantal niet klopte. Ze nam daarmee het risico dat ze alles weer kwijt zou raken, maar uiteindelijk werd haar vertrouwen beloond en gaf de docent haar de punten alsnog. Bij dit soort afwegingen spelen verschillende hersengebieden een rol, die gezamenlijk de uitkomst van de afweging bepalen. Bij Sam waren andere hersengebieden actief dan bij Suzanne, en daardoor maakte hij uiteindelijk een andere keuze.

De hersengebieden die betrokken zijn bij dit soort afwegingen zijn onderzocht met hersenscanmethoden, waarbij gebruik werd gemaakt van afgestemde spellen, die een soortgelijke situatie als die van Sam en Suzanne nabootsen. Een voorbeeld van zo'n soort spel is het Ultimatum Game. In de simpelste versie van dit spel zijn twee spelers betrokken en wordt er een bedrag verdeeld. De eerste speler heeft de mogelijkheid om 10 euro te verdelen tussen hemzelf en een tweede speler. De tweede speler heeft vervolgens de mogelijkheid om dit bod te accepteren of af te wijzen. Als hij het bod accepteert, dan wordt het geld op de voorgestelde manier verdeeld, maar als het bod wordt afgewezen, dan krijgen beide spelers niets. De deler moet dus goed nadenken over wat de ander wel of niet zal accepteren. In het geval van een eerlijke verdeling, 5 euro houden en 5 euro weggeven, is er een grote kans dat de tweede speler dit bod zal accepteren en lopen zij beiden met 5 euro de deur uit. Als de deler echter voorstelt om 8 euro zelf te houden en 2 euro aan de tweede speler te geven, dan is er een grote kans dat de tweede speler het aanbod afwijst, ook al krijgen ze dan allebei niets. De tweede speler vindt dit aanbod simpelweg oneerlijk en gunt het de deler niet dat hij met 8 euro de deur uit zal lopen.

In een onderzoek waarbij dit spel werd gespeeld terwijl bij de tweede speler de hersenen werden gescand, werd geprobeerd duidelijkheid te krijgen over hoe de hersenen reageren op eerlijke en oneerlijke aanbiedingen. Hieruit bleek dat wanneer deelnemers een oneerlijk aanbod kregen (bijvoorbeeld 8 euro voor de deler en 2 euro voor de tweede speler), een hersengebied actief werd in de voorste hersenen, die de insula worden genoemd. Dit hersengebied blijkt sterke verbindingen te hebben met de hersengebieden die belangrijk zijn voor het sturen van ons zenuwstelsel, zoals onze hartslag, ademhaling en zweetreactie. Het blijkt ook vaak actief te worden bij het zien van een walgende gezichtsuitdrukking, of situaties die walging oproepen, zoals een heel vieze lucht of iets wat vies smaakt. Dit hersengebied was ook actief bij volwassenen wanneer hun gevraagd werd of zij het een goed idee vonden om met haaien te zwemmen, zoals is besproken in hoofdstuk 3. Blijkbaar leidt een oneerlijk aanbod tot toename in een hersengebied dat ook actief wordt als we ons opwinden en ons zenuwstelsel aan de slag gaat, of bij walgelijke situaties. Het is dus goed mogelijk dat een oneerlijke menselijke handeling dezelfde gevoelens oproept als meer basale onprettige situaties. Een eerlijk aanbod waarbij beide spelers geld krijgen leidt juist tot activiteit in het beloningsgebied, de basale ganglia, dat ook in hoofdstuk 3 al aan bod is gekomen. Een tweede belangrijke bevinding was dat het accepteren van een bod door de tweede speler gepaard ging met activiteit in een regulerend/controlerend hersengebied, namelijk de dorsolaterale prefrontale cortex (zie hoofdstuk 2). Het nadenken over acceptatie van een aanbod zorgt er blijkbaar voor dat onze redenerende hersengebieden ook hard aan het werk gaan.

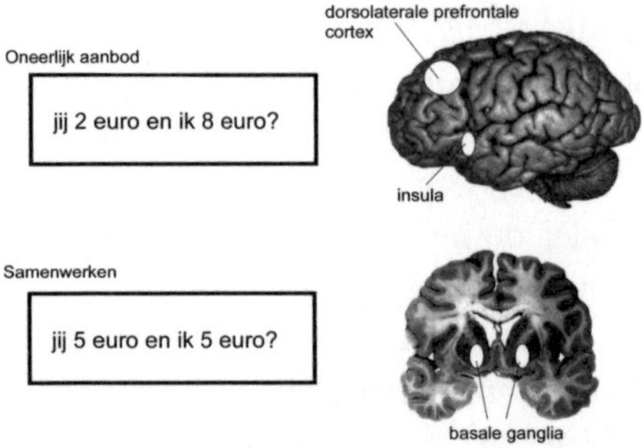

Hersengebieden die actief worden bij een oneerlijk aanbod en bij samenwerking. Gebaseerd op resultaten uit Sanfey et al. (*Science*, 2003) en Van den Bos et al. (Brain & Development Laboratorium, 2008).

Interessant is dat we in gedragsonderzoek in ons eigen laboratorium hebben gevonden dat tienjarige kinderen anders redeneren in het Ultimatum Game dan vijftienjarigen of twintigjarigen: tienjarigen waren eerder geneigd om een eerlijk aanbod te doen (5 voor jou en 5 voor mij), en zij accepteerden alleen eerlijke biedingen. Vijftienjarigen en twintigjarigen waren in de helft van de gevallen nog wel bereid om ook een aanbod 6 voor mij en 4 voor jou te accepteren, maar voor tienjarigen was dit een stuk minder acceptabel. Zij kozen liever voor allebei niets dan dat zij een (in hun ogen) oneerlijk aanbod accepteerden. Deze bevindingen komen overeen met de oorspronkelijke theorieën van Piaget en Kohlberg, die al aangaven dat kinderen vaak reageren volgens absolute en opgelegde regels, en hier moeilijk van afstappen. De dertienjarige Sam bijvoorbeeld, zag het als een voordeeltje dat hij extra punten kreeg, zonder na te denken over wat dat betekende voor de anderen. Tussen de leeftijd tien en vijftien jaar echter, leren jongeren om te accepteren dat deze specifieke sociale situatie misschien andere sociale omgangsregels kent, en dat je wellicht een 6 om 4-aanbod ook kunt accepteren omdat de deler nu eenmaal de macht van het delen heeft (of welke redenatie je ook zou kunnen aanwenden om de sociale regels te herdefiniëren). De vijftienjarige Suzanne was daarom bereid om aan te geven dat zij onterecht punten had gekregen, omdat ze besefte dat dit gevolgen had voor de anderen. Terwijl bij Sam zijn keuze werd gestuurd door voornamelijk emotionele hersengebieden, was er bij Suzanne al sprake van een inbreng van de rationele frontale cortex, die de verschillende belangen tegen elkaar afwoog. Ook al gaven haar emotionele hersenen aan dat veel punten leidden tot de winst van een computer, haar rationele hersengebieden gaven aan dat dit niet leuk was voor de anderen.

We hebben in het Ultimatum Game-voorbeeld gezien dat er hersengebieden zijn die belangrijk zijn voor redenatie over uitkomsten (dorsolaterale prefrontale cortex), en hersengebieden die reageren op oneerlijkheid (insula). Daarnaast zijn er ook hersengebieden die reageren op winst, of op het prettige gevoel van samenwerken (basale ganglia). Een groep hersengebieden is hier nog niet aan de orde gekomen, die wel betrokken is bij al de afwegingen zoals die werden gemaakt door Sam en Suzanne. Het gaat hier om hersengebieden die belangrijk zijn voor het kunnen wisselen van perspectief, oftewel, jezelf in iemand anders zijn schoenen kunnen plaatsen. Een van de belangrijkste hersengebieden hiervoor is gesitueerd in de prefrontale cortex en kwam bij de bespreking van het onderzoek naar morele beslissingen al even aan de orde: de mediale frontale cortex.

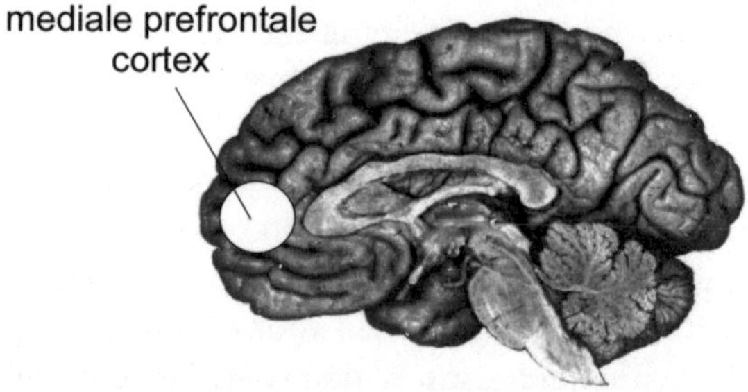

Afbeelding van de mediale prefrontale cortex.

De mediale frontale cortex ligt in het midden van de prefrontale cortex, tussen de redenatiegerelateerde laterale frontale cortex en de emotiegerelateerde subcorticale structuren. Het gebied heeft daarom een uiterst gunstige ligging voor de integratie van deze twee systemen. Het hersengebied is onder de aandacht gekomen door werk van onder anderen Utah

Frith, die veronderstelde dat dit hersengebied een belangrijke rol speelt bij 'theory of mind' of 'mentalizing'. Deze processen verwijzen naar de vaardigheid om te begrijpen dat andere personen andere gedachten hebben dan jijzelf, de vaardigheid deze andere gedachten te kunnen interpreteren, en de vaardigheid handelingen van anderen te kunnen voorspellen. In een van de eerste onderzoeken naar hersengebieden die belangrijk zijn voor theory of mind werden deelnemers gevraagd om verhaaltjes te lezen waarbij het nodig was om na te denken over de gedachten van andere personen. Bijvoorbeeld, als Suzanne overweegt om aan te geven dat ze meer punten heeft gekregen dan zij heeft verdiend, dan neemt zij in haar overweging mee dat de docent dit zal waarderen en dat haar klasgenoten haar extra zien zitten als zij hun een kans geeft om ook te winnen. Dus, zij denkt na over de gedachten van anderen.

De hersengebieden die actief werden tijdens het lezen van verhalen waarbij nagedacht werd over gedachten van anderen, werden vergeleken met de hersengebieden die actief werden tijdens het lezen van verhaaltjes waarbij het niet nodig was om over gedachten van een ander na te denken (bijvoorbeeld, als Suzanne nadenkt over of zij met de fiets of met de bus naar school zal gaan). Een aantal hersengebieden was voornamelijk actief tijdens de theory of mind-verhaaltjes, waaronder de mediale frontale cortex. Dit hersengebied is daarom erg belangrijk bij 'perspectief nemen', of je inleven in de gedachten van een ander.

Hoe draagt dit gebied bij aan onze sociale relaties? Veel hierover is nog onbekend. Een interessant onderzoek van Berna Guroglu en collega's van de Radboud Universiteit Nijmegen probeerde echter meer inzicht te krijgen in de bijdrage van bovengenoemde hersengebieden in het hebben van vriendschappen. Hiervoor vroeg zij een groep jongeren die samen in een orkest speelden om mee te doen aan een fMRIstudie, waarbij hun hersenen werden gescand terwijl zij vriendschapskeuzes maakten over de andere orkestleden. Voorafgaand aan het experiment maakte zij van alle deelnemers een foto. Ze vroeg aan ieder orkestlid om aan te geven wie van de andere deelnemers hun vrienden waren, en met wie zij minder goed konden opschieten. Op basis van deze indeling kon zij een onderscheid maken tussen positieve relaties met andere orkestleden en neutrale of negatieve relaties. Terwijl de orkestleden in de scanner lagen kregen ze foto's te zien van de andere orkestleden en moesten zij met een joystick aangeven of dit iemand was die zij wilden benaderen (joystick naar voren), wilden vermijden (joystick naar achteren), of dat zij neutraal tegenover deze persoon stonden (joystick in het midden). De resultaten van dit onderzoek gaven aan dat het zien van een persoon waarmee een positieve relatie was opgebouwd, samenging met meer activiteit in de beloningsgebieden van de hersenen, zoals de nucleus accumbens van de basale ganglia, maar ook de mediale frontale cortex. Deze activiteit was minder of afwezig voor personen met wie een neutrale of negatieve relatie werd gerapporteerd. De onderzoekers vergeleken deze activatiepatronen met foto's van beroemdheden over wie de deelnemers ook een positief of een negatief idee hadden, maar met wie zij geen relatie hadden. Hoewel de richting van het positieve en negatieve verband hetzelfde was voor bekenden als voor beroemdheden, was de activiteit in de mediale frontale cortex bij het zien van vrienden vele malen groter dan bij het zien van beroemdheden. Blijkbaar zorgt het zien van vrienden voor meer activiteit in het gebied van de hersenen dat belangrijk is bij het nadenken over gedachten en intenties van anderen, wat te verwachten is bij vriendschappen.

De hersenbevindingen bij volwassenen geven ons een belangrijke leidraad voor onderzoek naar de werking van de hersenen bij jongeren. Alleen al de observatie van de belangrijke veranderingen in sociaal gedrag in de adolescentie, samen met het netwerk aan hersengebieden dat we nu kunnen identificeren voor sociaal gedrag, zorgt voor tal van interessante vragen. Een tweetal wordt hieronder besproken. Dit zijn willekeurige voorbeelden, die een beeld geven van de vragen die we in de toekomst kunnen beantwoorden.

Voorbeeld 1: Prosociale en antisociale vriendschappen

We weten nu dat vriendschappen en relaties met leeftijdsgenoten een belangrijke rol spelen in de adolescentie. Maar wat weten we precies over het ontstaan en de kenmerken van deze vriendschappen? Een manier om vriendschappen te onderscheiden is met behulp van sociometrische vragenlijsten. In deze lijsten worden personen in een groep (zoals een klassituatie) gevraagd om aan te geven met wie ze bevriend zijn, wie hun vijanden zijn, wie ze aardig vinden of juist onaardig. Dit onderzoek is onder andere uitgevoerd in een longitudinaal onderzoeksproject uit Nijmegen. Volgens deze methode blijkt dat vriendschappen in te delen te zijn in verschillende categorieën. Prosociale vriendschappen worden gekarakteriseerd door kinderen die graag samenwerken en elkaar helpen. Jongeren die prosociale vriendschappen hebben lijken vaak op elkaar en hebben dezelfde interesses. Antisociale vriendschappen daarentegen worden vaak gekenmerkt door kinderen die pesten, of die pesters helpen of steunen. De derde groep bestaat uit kinderen die sociaal teruggetrokken zijn, maar die vaak bevriend zijn met kinderen die juist prosociaal zijn en die anderen helpen.

Het is duidelijk dat deze verschillen in relaties tussen jongeren een grote rol spelen in hoe zij sociale situaties inschatten, gevoelig zijn voor beoordeling van anderen, en sociale situaties wel of niet uit de weg gaan. We weten echter niet of deze jongeren ook verschillen in de manier waarop ze iemand anders zijn perspectief waarnemen. Het is goed mogelijk dat zij allemaal eenzelfde ontwikkeling laten zien in de toename in perspectiefneemcapaciteiten, maar verschillend gevoelig zijn voor negatieve of positieve aandacht. Het is daarom ook mogelijk dat deze jongeren niet verschillen in de mate waarin de mediale frontale cortex actief is tijdens perspectiefneemscenario's, maar dat de emotionele subcorticale hersengebieden verschillend gevoelig zijn voor de gevolgen van afwijzing of acceptatie, of dat juist de redenatiegebieden van de hersenen (zoals de dorsolaterale prefrontale cortex) sterker of minder sterk geactiveerd is bij bepaalde groepen jongeren.

Hoe de verschillen precies tot stand komen weten we nog niet, maar door hersenscanmethoden kunnen we wel een betere inschatting maken van de bijdrage van hersengebieden die gevoelig zijn voor specifieke psychologische processen. Veel van deze vragen blijven uitdagingen voor toekomstig onderzoek. Maar het is duidelijk dat het uitzoeken van deze vragen heel belangrijk is, vooral als we terugdenken aan het voorbeeld aan het begin van het hoofdstuk, waarbij de invloed van leeftijdsgenoten tot gevaarlijke situaties kan leiden. Een beter inzicht hierin kan het mogelijk maken hier in de toekomst op te anticiperen.

Voorbeeld 2: Verliefd

Eigenlijk kan iedereen zich zijn eerste verliefdheid nog wel herinneren, terwijl de verliefdheden die daarna kwamen toch een beetje kunnen zijn weggezakt. Wat maakt die eerste verliefdheid nu zo bijzonder? Is het echt alleen vanwege de eerste keer, of heeft het ook te maken met hoe onze hersenen reageren op verliefdheid in deze periode? Dit blijft tot nu toe nog een raadsel, maar onderzoeken naar verliefdheden bij volwassenen geven wel een paar interessante hints.

In een onderzoek naar verliefdheid onderzochten wetenschappers welke hersengebieden actief worden bij het zien van foto's van geliefden. Voor dit onderzoek werden deelnemers gezocht die sinds korte tijd heftig verliefd waren. Vervolgens werd met behulp van fMRI onderzocht welke hersengebieden actief werden als zij keken naar foto's van hun geliefde, of naar foto's van vrienden met wie ze geen romantische verhouding hadden. Eenzelfde onderzoek werd gedaan bij jonge moeders, die foto's te zien kregen van hun eigen baby of de baby van een bevriende persoon. Het zien van foto's van iemands geliefde of van foto's van eigen baby's resulteerde in activiteit in verschillende emotionele beloningshersengebieden, zoals in de basale ganglia. Wat de onderzoekers ook aantoonden was dat tijdens het zien van de foto's van geliefden en eigen baby's, er verminderde activiteit was in de mediale frontale cortex. We weten nu dat de mediale frontale cortex belangrijk is voor nadenken over intenties en gedachten. De wetenschappers concludeerden dan ook dat wanneer je verliefd bent of je eigen baby ziet, de hersengebieden die belangrijk zijn voor nadenken over perspectieven onbelangrijk zijn en zelfs minder actief worden, en alleen de primaire liefdesgebie-

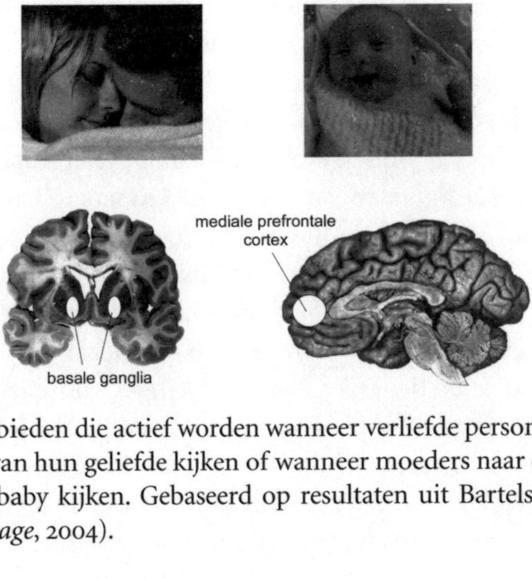

Hersengebieden die actief worden wanneer verliefde personen naar een foto van hun geliefde kijken of wanneer moeders naar een foto van hun baby kijken. Gebaseerd op resultaten uit Bartels & Zeki (*Neuroimage*, 2004).

den een rol spelen. Als we nu speculeren over verliefdheid tijdens de adolescentie, zou dit mogelijk ook kunnen verklaren waarom de eerste verliefdheden zo indrukwekkend zijn. Als dit gebeurt in een periode waarin de mediale frontale cortex nog in opkomst is maar de beloningsgebieden hypergevoelig zijn, dan is de impact van de liefde misschien wel vele malen groter. Deze zeer speculatieve veronderstelling moet uiteraard nog getoetst worden in toekomstig onderzoek, maar het geeft in ieder geval stof tot nadenken.

Ten slotte: een evolutionair perspectief op sociale ontwikkeling

Observatieonderzoek toont aan dat het heel normaal is dat adolescenten meer gericht zijn op de goedkeuring van vrienden dan jongere kinderen. Piaget en Kohlberg veronderstelden zelfs dat de opeenvolging in redeneerstadia over morele situaties wordt gevoed door leeftijdsgenoten en niet door ouders, omdat de relatie met ouders unilateraal is (de ouder heeft meer macht), terwijl de relatie met leeftijdsgenoten gelijkwaardiger is. Wetenschappers debatteren nog steeds over deze veronderstelling, dus of het werkelijk zo is dat leeftijdsgenoten elkaars morele ontwikkeling sturen, is nog onduidelijk. Er zijn ook andere onderzoeken die aantonen dat de morele waardes van ouders wel degelijk bijdragen aan de morele redeneervaardigheden van jongeren. Ouders redeneren vaak in een hoger moreel stadium en kunnen jongeren op die manier bijsturen in hun morele ontwikkeling. Maar ongeacht of morele ontwikkeling door ouders of leeftijdsgenoten wordt gestuurd: het valt niet te ontkennen dat de rol van de ouders verandert in de tienerjaren en dat leeftijdsgenoten een grotere rol gaan spelen in het leven van jongeren. Wat is nu de reden voor deze verandering in focus? Onderzoekers weten dit niet, terwijl deze vraag neerkomt op een van de meest fundamentele vragen in de ontwikkeling van de mens. Waarom vinden de veranderingen plaats? Waar zijn deze goed voor?

Een van de veronderstellingen waarom jongeren zich meer gaan richten op leeftijdsgenoten is gebaseerd op het evolutionaire idee van reproductie. Het begin van de adolescentie gaat samen met het begin van de pubertijd, waarin mensen, maar ook dieren, seksueel volwassen worden en zich kunnen voortplanten. Een biologische mijlpaal in de pubertijd is de werking van de geslachtshormonen, die zorgen voor verandering in het uiterlijk van jongens en meisjes. Een andere biologische mijlpaal in de adolescentie is de verandering in hersengebieden die ervoor zorgen dat jongeren kunnen functioneren in een sociale groep. De pubertijd en de adolescentie zijn daarom sterk aan elkaar gerelateerd, want het brein is immers een van de kernorganen waar geslachtshormonen invloed op uitoefenen.

Jongeren ontwikkelen in deze periode een toename in interesse in het andere geslacht. Terwijl het lichaam zich klaarmaakt voor reproductie, beginnen de hersenen zich op zo'n manier te vormen dat jongeren in staat zijn om gedrag te vertonen waarbij zij in de smaak vallen bij leeftijdsgenoten. Binnen de 'peer group' leren jongeren om gesprekken te voeren en zich te gedragen op een manier die wordt geaccepteerd binnen de groep. Ook wordt er in deze periode sociaal gedrag uitgeprobeerd, het is een leerfase waarin je leert wat wel en niet geaccepteerd wordt binnen een groep.

Mogelijk is de verandering in sociaal gedrag tijdens de adolescentie het gevolg van een evolutionair systeem dat ervoor zorgt dat individuen zich meer gaan richten op leeftijdsgenoten op het moment dat ze geslachtsrijp worden. Deze evolutionaire veronderstelling is nog speculatief, maar dit zou een mogelijke bijdrage kunnen zijn voor de ontwikkeling van een systeem waarbij leeftijdsgenoten belangrijker worden en ouders een andere rol krijgen.

In dit hoofdstuk is geprobeerd een idee te geven van de veranderingen in sociale focus tijdens de adolescentie, en hoe dit samenhangt met de zich ontwikkelende hersenen. Het is vast duidelijk geworden dat we over de ontwikkeling van sociale hersenen nog veel minder weten dan over de ontwikkeling van emotionele hersenen en lerende hersenen. Toch lijkt het erop dat er hier sprake is van eenzelfde strijd tussen de hersengebieden; emotionele hersengebieden die gevoelig zijn voor groepsacceptatie, samenwerking en de angst voor buitensluiting enerzijds, en rationele hersengebieden die zijn gericht op langetermijndoelen en rationele afwegingen over eerlijkheid en samenwerking. Daarnaast lijkt er een rol weggelegd voor een specifiek hersengebied dat belangrijk is voor het nadenken over perspectieven van anderen, namelijk de mediale frontale cortex. Onderzoekers beweren dat in dit hersengebied het 'sociale' brein is gehuisvest, wat ons als mensen uniek maakt ten opzichte van dieren, en wat meer ontwikkeld is bij volwassenen dan bij jongeren. De verwachting is dat we nog veel van dit hersengebied gaan horen in de toekomst, de uitkomsten zijn onderweg.

5

Het creatieve brein

Flexibele hersenen, extra veel mogelijkheden!

In de afgelopen hoofdstukken hebben we een kijkje in de hersenen genomen van adolescenten, en ik heb hiermee willen laten zien hoe adolescenten verschillen van volwassenen in hoe zij plannen en leren, hun emoties in bedwang houden (of juist niet!) en hoe zij zich handhaven in een steeds veranderende sociale wereld. Hiermee zou de indruk gewekt kunnen worden dat adolescenten op al deze punten minder bekwaam zijn dan volwassenen en dat we het beste rustig kunnen afwachten tot de puberende hersenen volwassen vormen hebben aangenomen. Maar dit zou een groot misverstand zijn. De adolescentenhersenen bieden namelijk ook allerlei unieke mogelijkheden, die volwassenen soms alweer kwijt zijn geraakt. Adolescenten zijn vaak vele malen creatiever, idealistischer en vindingrijker dan volwassenen. Wel eens geprobeerd een ingewikkeld technisch apparaat aan de praat te krijgen zonder stap voor stap de gebruiksaanwijzing door te nemen? (en zelfs dan gaat het nog vaak mis). Vraag er een adolescent bij en de kans is groot dat hij of zij het apparaat binnen een paar minuten aan de praat heeft. Wat is dat toch met die adolescentenhersenen; een eenvoudige planning maken levert de grootste problemen op, maar hun hersenen geven volop mogelijkheden voor vindingrijke internettoepassingen, denktankoplossingen en technische hoogstandjes. Absoluut geen hersenen met alleen beperkingen, het zijn hersenen met mogelijkheden!

Zoals we in hoofdstuk 1 al zagen ondergaan de adolescentenhersenen nog fikse veranderingen in hun structuur, met name in de verhouding tussen de hoeveelheid grijze en witte stof waar zij uit opgebouwd zijn. De grijze stof is het aantal hersencellen dat werkkracht heeft, terwijl de witte stof belangrijk is voor de verbindingen tussen deze hersencellen. We hebben ook al eerder gezien dat de grijze stofontwikkeling een bijzonder parcours aflegt: eerst is er een grote toename in grijze stof in een bepaald hersengebied, waarmee de werkkracht aanzienlijk toeneemt. Vervolgens is er een afname van de hoeveelheid grijze stof in datzelfde gebied, wat zorgt voor een toename in efficiëntie. De niet-gebruikte verbindingen worden weggesnoeid en maken plaats voor de verbindingen met de meeste werkkracht. Uit een wirwar van vechtende cellen blijven alleen die cellen en connecties over die het het allerbeste doen. Ondertussen blijven de verbindingen (witte stof) toenemen, wat ervoor zorgt dat de paadjes die eerst kronkelig waren met veel onnodige afslagen, nu supersnel en efficiënt hun weg van A naar B vinden. Deze veranderingen vinden op verschillende momenten plaats voor de verschillende hersengebieden. Maar in de adolescentie zijn het juist de hersengebieden die belangrijk zijn voor creativiteit en vindingrijkheid, muzikaliteit, sport en maatschappelijke betrokkenheid waar als laatste wordt gesnoeid in de verbindingen.

Bent u een ouder die zich afvraagt waarom wiskundeproblemen die op de middelbare school opgelost moeten worden tegenwoordig zoveel moeilijker zijn dan vroeger? Hierin moet ik u teleurstellen: de wiskundeproblemen zijn niet moeilijker geworden, maar adolescentenhersenen kunnen zich sneller aanpassen op basis van oefening. In 2004 bekeken onderzoekers de hersengebieden die gevoelig zijn voor oefening van wiskundesommen in een groep adolescenten en een groep volwassenen. Hiervoor werd de deelnemers gevraagd om vier dagen intensief te oefenen met het oplossen van vergelijkingen. Voorafgaand en na afloop van de oefening werd een hersenscan gemaakt waarbij bekeken werd welke hersengebieden actief waren tijdens het oplossen van de sommen. Zoals bekend deden de wiskundesommen een groot beroep op de hersengebieden in de cortex die belangrijk zijn voor redeneren, waaronder de frontale cortex (voor in het hoofd, belangrijk voor het actief houden van informatie) en de parietale cortex (achter in het hoofd, belangrijk voor de representatie van getallen). Na vier dagen oefenen werd er een minder groot beroep gedaan op deze hersengebieden om de sommen op te lossen, maar de hersenen van adolescenten pasten zich veel sneller aan dan de hersenen van de volwassenen. Zij hadden na oefening de redeneergebieden minder sterk nodig om tot hetzelfde resultaat te komen. De opbouwende adolescentenhersenen zorgden namelijk nog voor veel flexibiliteit in de verbindingen die werden gelegd tijdens oefening. Volwassenen hebben dan wel snelle en gevestigde verbindingen in de hersenen waardoor zij beter zijn in het actief houden van informatie en het plannen van handelingen, maar de hersenen van adolescenten geven ruimte voor zijwegen, en kunnen zich daarom beter aanpassen tijdens een leerperiode.

De veranderingen in de structuur en werking van de hersenen zorgen blijkbaar voor een unieke flexibiliteit die adolescenten in staat stelt om uit te blinken, oplossingen te vinden voor problemen waar niemand ooit aan dacht, een veerkracht te tonen die volwassenen met moeite kunnen opbrengen, uitvindingen te doen, talenten te ontplooien, sportprestaties te leveren, en nog veel meer! We zetten nu meteen het idee overboord dat adolescentenhersenen alleen maar 'moeilijke hersenen' zijn, of 'probleemhersenen'. In plaats daarvan maken we in dit hoofdstuk de ruimte om een aantal talenten te bespreken dat uniek is voor adolescenten. De voorbeelden die hieronder zijn beschreven zijn gebaseerd op bestaande jongeren, maar de scenario's en namen zijn aangepast en alleen bedoeld ter illustratie.

Slimme internetters

Veel ouders maken zich zorgen over het internetgedrag van hun pubers. Dit is uiteraard niet zonder reden; er zijn oneindig veel internetsites en het is onmogelijk om een overzicht te houden van alle sites die door de pubers worden bezocht. Daarnaast zijn pubers, behalve dat ze veel meer uren achter de computer doorbrengen dan hun ouders, ook veel handiger met het navigeren in en toepassen van internetprogramma's. Het is voor hen belangrijk om actief te zijn op het net; de virtuele ontmoetingsplek is niet meer weg te denken uit hun sociale leven. Welke adolescent is niet meer te zien op Hyves, Facebook of andere ontmoetingsplekken; zonder een goed profiel mis je veel. Internet is kortom niet meer weg te denken uit de wereld van de adolescent.

Sommige adolescenten maken hier slim gebruik van. Patrick, vijftien jaar, was altijd al handig met computerspelletjes. Op de lagere school bracht hij al middagen 'gamend' door, alleen of samen met vriendjes. Toen hij zijn eigen computer kreeg, die meer kon dan alleen wat simpele spelletjes, begon hij er ook andere mogelijkheden in te zien. Zijn eerste handeltje was via marktplaats. In dat jaar was er in de zomer een echte voetbalhype en op school werden voetbalplaatjes geruild en verkocht. Op internet vond hij een goedkoop aanbod van een grote reeks voetbalplaatjes, 50 stuks voor 5 euro. Hij vroeg aan zijn vader of hij deze mocht opkopen, en die stemde ermee in. De verkoper bleek bij hem in de buurt te wonen, dus hij reageerde op het aanbod en Patrick haalde 's avonds de plaatjes nog op de fiets op. De volgende dag verkocht hij minstens 25 plaatjes voor 50 cent per stuk, dat was snel verdiend. Vervolgens vond hij goedkope popconcertkaartjes, cd-hoesjes, mobiele-telefoongadgets en ga zo maar door, die hij kocht en vervolgens weer met winst verkocht. Hoewel hij pas in de tweede klas van de middelbare school zat was Patrick al een echt handelaartje geworden.

Na een tijdje werd hij deze kleine handeltjes zat, het was toch iedere keer weer een risico om erin te investeren en hij kreeg niet altijd zijn geld eruit. Er moest een mogelijkheid zijn om dit beter aan te pakken, en zo begon hij te brainstormen. Zijn klasgenoten vroegen hem vaak om advies over computers, waar ze de beste onderdelen konden kopen en waar de goedkoopste computers te vinden waren. Dit bracht Patrick op het idee om een internetsite te maken waarbij het mogelijk was om verschillende winkels aan te raden en te vergelijken. Hij bouwde de site, liet hem testen door een paar vrienden en zorgde ervoor dat hij als een van de eersten voorkwam in zoekmachines. Hij telde het aantal bezoekers en dit liep al snel op. Hij besloot om het winkelaanbod uit te breiden, en ook evaluaties toe te laten buiten zijn woonplaats. Nu ging het opeens razendsnel, zijn website was een hit geworden. De eerste e-mails van computerwinkels kwamen binnen die voorstelden om hun logo op zijn site te zetten. Patrick besloot dit professioneel aan te pakken en schreef een aantal bedrijven tegelijk aan met een prijsindex voor advertenties. Hij hoefde er niet heel veel aan te verdienen dus stelde hij een schappelijke prijs voor, met als gevolg dat bedrijven massaal toeschoten. In overleg met zijn vader besloot Patrick zijn website onder te brengen in een formeel bedrijfje, dat aangemeld werd bij de Kamer van Koophandel. Hij kreeg een btw-nummer, maakte facturen in Excel, en eens per week controleerde Patricks vader de boekhouding. De winst stroomde binnen.

Ondertussen is Patricks bedrijfje uitgegroeid tot een site waarin niet alleen computers kunnen worden bekeken en vergeleken, maar ook mobiele telefoons en digitale agenda's. Patrick zit nu in 4-gymnasium en besteedt bijna al zijn vrije tijd aan zijn bedrijf. Hij laat zijn vakkenpakket hier volledig op aansluiten; economie en techniek zijn zijn lievelingsvakken. Hij denkt na over nieuwe internetbedrijven, waarin ook het aanbod van brommers, fietsen en vakanties kunnen worden vergeleken. Veel internetbedrijven gaan tegenwoordig ten onder, maar het bedrijf van Patrick bloeit als nooit tevoren. Over een paar jaar wil hij het grootste internetbedrijf van Nederland zijn.

'Hoe krijgt Patrick het voor elkaar?' is wat menig ondernemer zal denken. Het is waarschijnlijk een combinatie van een goed idee, de mogelijkheden en een portie geluk, maar deze drie ingrediënten zijn juist kenmerkend voor het adolescentenbrein.

Een goed idee vraagt een flink vermogen tot creatief denken. Het is nodig om buiten de gebaande wegen om te denken en niet alle mogelijke scenario's meteen als doemscenario's af te schrijven. Hoe komen onze hersenen tot dit soort creatieve ingevingen? Veel is hierover nog niet bekend. Creativiteit is een uiterst moeilijk concept om te meten; het gaat hier immers om het vormen van nieuwe ideeën. Om deze reden zijn er nog weinig onderzoeken waarin met hersenscantechnieken creativiteit is onderzocht. Wel hebben onderzoekers ontdekt dat een goede werking van de frontale cortex wel eens hinderlijk kan werken bij de vorming van creatieve ideeën. Patiënten bijvoorbeeld met beschadiging aan de frontale cortex ontwikkelen soms bijzondere talenten, zoals een talent voor het creëren van kunstwerken. Opvallend is dat zij dit voor hun hersenbeschadiging nog niet konden. Natuurlijk gaat de hersenbeschadiging gepaard met een aantal beperkingen, maar deze patiënten beleven ook veel plezier aan hun nieuwe talenten. De frontale cortex is belangrijk voor doelgericht gedrag, het remmen van ongewenste handelingen en ongewenste gedachten en is cruciaal voor het goed kunnen plannen en redeneren. We weten ook dat de frontale cortex nog veranderingen ondergaat in de adolescentie, terwijl veel andere hersengebieden al volop gerijpt zijn. Het is mogelijk dat de nog niet volledig gerijpte frontale cortex, in samenwerking met goed werkende andere hersengebieden, een unieke fase vormt voor creativiteit. Immers, handelingen en gedachten worden nog niet zo goed geremd en planning loopt nog niet volledig gestructureerd, waardoor adolescenten in staat zijn buiten de geijkte banen te denken.

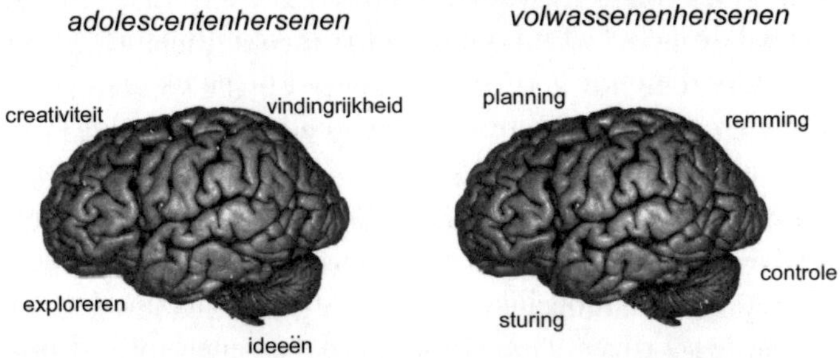

Kenmerken van adolescenten- en volwassen hersenen.

Patrick had er bij de ontwikkeling van zijn bedrijf niet alleen baat bij dat zijn frontale cortex nog niet al zijn ideeën afremde, maar hij had ook de mogelijkheden om die ideeën de vrije loop te laten. Hij woonde nog thuis, zijn vader was bereid om te helpen bij de formaliteiten van het bedrijf, en hij had nog niet de verantwoordelijkheden van een vaste huur of werknemers. Door de beschermende omgeving en de hulp van zijn ouders kon hij zonder risico zijn bedrijf opstarten, met een vader als 'externe' frontale cortex die hulp bood bij de organisatorische punten waar Patricks eigen frontale cortex nog niet gestructureerd genoeg voor werkte. Ten slotte een portie geluk; dat heeft iedereen nodig om een idee tot bloei te laten komen. Patricks hersenen waren daarbij echter nog sterk gericht op het zien van mogelijkheden en de winsten die behaald konden worden, zodat hij niet opgaf bij de eerste tegenslag. Zijn adolescentenhersenen maakten het mogelijk dat hij, zonder beren op de weg te zien, optimaal zijn geluk kon nastreven.

Sportuitblinkers

Adolescentenhersenen zijn niet alleen bijzonder geschikt voor het exploreren van nieuwe ideeën en creativiteit, ook in sport zijn adolescenten vaak uitblinkers. Neem Alexandra, zij was van jongs af aan al dol op muziek en dansen. Als peuter stond zij in de box al druk te bewegen op alle soorten melodieën en op de kleuterschool kreeg ze haar eerste dansles. Haar ouders hadden snel in de gaten dat zij bijzonder goed danspasjes kon imiteren maar zolang ze op de lagere school zat beperkten haar ouders dit tot eens in week dansles en jazzballet. Alexandra was een blij en gezellig kind en leefde voor muziek.

Op haar tiende kwam het moment dat haar leven voorgoed veranderde. Alexandra's tante paste op haar in de schoolvakantie en nam Alexandra mee naar de ijsbaan. Op gehuurde schaatsen maakte ze haar eerste rondjes op het ijs en ze was meteen verkocht. Ze vond het heerlijk om op de schaatsen te bewegen en na afloop van haar vakantie smeekte ze haar ouders of ze figuurschaatsles mocht nemen. Haar ouders waren in het begin niet zo enthousiast want de schaatsbaan was niet naast de deur, maar omdat Alexandra zo graag wilde stemden ze er uiteindelijk mee in.

Het eerste jaar schaatste zij nog op gehuurde schaatsen, maar al snel werd duidelijk dat schaatsen haar lust en haar leven was, dus voor haar elfde verjaardag kreeg ze haar eigen paar. Alexandra oefende en oefende, en begon mee te doen aan plaatselijke wedstrijden. Keer op keer won zij, en ze werd gevraagd door trainers om mee te doen aan een landelijk programma. Dit betekende dat ze al haar vrije tijd in het schaatsen moest investeren, wat voor Alexandra echter geen opgave was; ze bracht het liefst al haar vrije tijd door op de schaatsbaan.

Onder begeleiding van haar nieuwe trainer viel Alexandra's schaatstalent niet meer te ontkennen. Haar kür werd al snel uitgebreid met de meest ingewikkelde sprongen en pirouetten, en de wedstrijden waaraan zij meedeed waren van hoog niveau. Op haar dertiende won Alexandra haar eerste grote competitie en op haar veertiende en vijftiende werd zij erkend als een onevenaarbaar schaatskampioene.

Sportuitblinkers komen vaak het meest tot hun recht in de adolescentie. Alexandra had waarschijnlijk altijd al talent voor schaatsen, maar pas toen haar lichaam genoeg ontwikkeld was om de moeilijkste sprongen uit te voeren en haar motivatie groot genoeg was om de competities te winnen, was ze in staat om deze prestaties te leveren. Wat zij in drie jaar bereikte aan vooruitgang lukt bijna geen enkele volwassene in dezelfde tijd. Weinig sporters beginnen pas met oefenen na hun twintigste; blijkbaar is er een unieke periode waarin je lichaam het beste in staat is om zich tot sporterslichaam te ontwikkelen. We zien dit bij allerlei motorische sporten; adolescenten zijn vaak ook heel goed in het leren van aerobics, zwemmen, ijshockey en ga zo maar door.

Toch wordt sporttalent niet alleen gevormd door het lichaam, ook hier is een belangrijke rol weggelegd voor de hersenen. Toen Alexandra voor het eerst op de schaatsen stond, waren haar motorneuronen hard aan het werk om de bewegingen zo goed mogelijk te coördineren. De motorneuronen zijn gelokaliseerd in de motorische cortex, een langgerekt gebied van de hersenen dat belangrijk is voor de sturing van beweging. De motorische cortex is gestrekt over de hele as van de hersenen en is het achterste gedeelte van de frontale cortex.

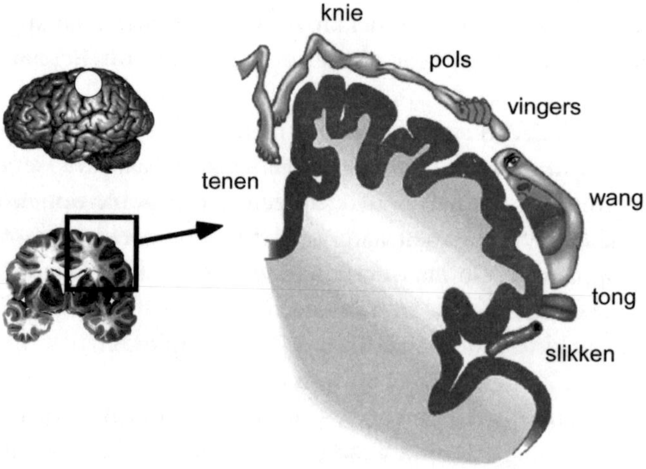

Afbeelding van de somatosensorische cortex. Verschillende delen van de somatosensorische cortex representeren gevoeligheid voor verschillende lichaamsdelen.

Al onze lichaamsdelen zijn gerepresenteerd in dit hersengebied en deze verschillende stukjes sturen dan ook verschillende lichaamsdelen aan. De hersencellen in de motorcortex zijn verbonden met hersencellen in de premotorische cortex. Dit laatste gebied ligt iets meer naar voren in de hersenen, namelijk tussen de 'rationele' frontale cortex en de motorcortex in. Een ideale locatie voor het uitvoeren van motorische planning. Bij het plannen van een beweging sturen de hersencellen in de premotorische cortex signalen naar hersencellen in de motorische cortex. Als Alexandra bijvoorbeeld een sprong wil maken op het ijs, dan wordt die sprong voorbereid in de premotorische cortex, die signalen stuurt naar de motorische cortex, die vervolgens weer haar armen en benen aanstuurt. Hierdoor is Alexandra in staat om de sprong met veel precisie uit te voeren.

Ongeveer vijftien jaar geleden deden onderzoekers in Italië een belangrijke ontdekking. Het bleek namelijk dat de hersencellen in de motorische cortex niet alleen actief zijn als je zelf de beweging uitvoert, maar ook als je kijkt naar iemand anders die deze beweging maakt. Deze bevinding werd eerst gedaan bij apen, waarbij bleek dat bepaalde hersencellen die actief waren als de aap een nootje wilde oppakken, ook actief waren als de aap zag dat de onderzoeker een nootje oppakte. In hun hersenen aapten de apen de beweging van de onderzoeker na. De hersencellen die deze spiegeling uitvoerden werden 'spiegelneuronen' genoemd. Niet alleen apen, ook mensen hebben spiegelneuronen en deze zitten in de premotorische cortex. Als je bijvoorbeeld een aerobicsles volgt, dan zijn je motorische hersencellen niet alleen actief als je een beweging uitvoert, ook als je alleen kijkt naar de uitvoering van de beweging door de aerobicsleraar beginnen deze hersencellen te vuren. Je spiegelneuronen doen de beweging van de andere mensen na.

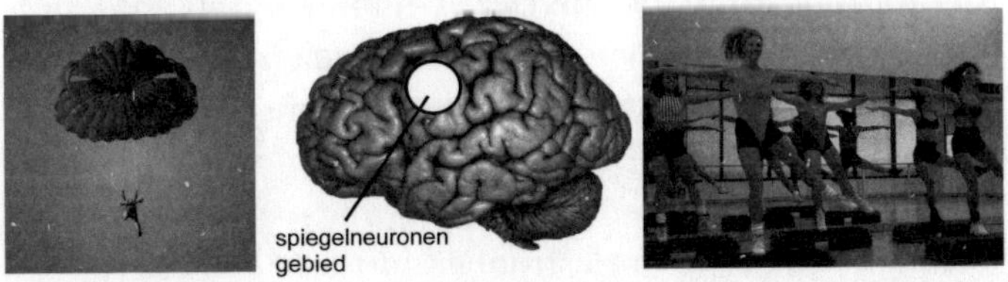

Afbeelding van het spiegelneuronengebied. Dit gebied wordt actief bij het zien van acties van andere personen, zoals bij een parachutesprong of bij aerobicsoefeningen.

Het 'meebewegen' van deze spiegelneuronen heeft een belangrijke functie als we nieuwe bewegingen leren. Hoe beter de spiegelneuronen kunnen imiteren, hoe makkelijker je de nieuwe beweging leert uit te voeren. De spiegelneuronen van Alexandra hebben haar heel goed geholpen toen ze moest leren om nieuwe sprongen en bewegingen te maken. Door deze alleen al te observeren heeft zij haar hersenen al aan het werk gezet om al deze bewegingen na te kunnen maken. Er zijn op dit moment nog geen onderzoeken geweest die de werking van spiegelneuronen bij volwassenen hebben vergeleken met de spiegelneuronen van adolescenten, maar de snelheid waarmee adolescenten leren om nieuwe sporten te beoefenen wijst erop dat hun spiegelneuronen zeer gevoelig zijn voor het oppikken van nieuwe bewegingen. Zoals we in hoofdstuk 3 hebben gezien zijn hun hersenen ook prima uitgerust om nieuwe dingen uit te proberen. De hersengebieden die belangrijk zijn voor risico en durf zijn immers overactief in de adolescentie. Het uitproberen van sprongen en bewegingen is voor adolescenten eerder belonend dan angstig. Denk maar aan de durf die nodig is om te leren snowboarden of skateboarden. Waar volwassenen nog angstig staan te twijfelen bij het uitproberen van deze nieuwe bewegingen, ervaren adolescenten dit vaak als een kick en zien zij het gevaar hiervan nauwelijks in. Deze combinatie van goed kunnen spiegelen en een beetje extra durf, stelt hen weer in staat om zich in rap tempo te ontwikkelen tot jonge sporttalenten.

Muzikale talenten

Net als sporttalenten worden muziektalenten vaak al op jonge leeftijd duidelijk. Mozart gaf zijn eerste concert al op vijfjarige leeftijd en Beethoven vierde op zevenjarige leeftijd zijn eerste optreden als pianist. Toch vindt het uitblinken in muzikaal talent vaak pas echt zijn weg in de adolescentie. Pas als jongeren zelf de omvang van hun talent kunnen begrijpen en de waarde voor anderen ervan kunnen waarderen geeft het muzikale talent de voldoening die ervoor zorgt dat zij zich er met passie aan kunnen overgeven. Hoewel Mozart als kind al symfonieën componeerde werd zijn betere en bekendere werk pas door hem gemaakt in zijn tienerjaren. In de huidige tijd worden aan conservatoriums en scholen voor jong talent deelnemers pas toegelaten als zij in hun tienerjaren zijn. Zij kunnen dan een gecombineerde opleiding volgen waarbij de middelbare school wordt afgestemd met muzieklessen, zodat de jongeren naast de reguliere schoollessen de kans hebben om hun muzikale talent te ontwikkelen.

De ontwikkeling van muzikaal talent in de adolescentie beperkt zich niet tot alleen klassieke muziek. Ook moderne bandjes worden vaak opgezet in de tienerjaren, waarin jongeren hun muzikale talent exploreren en doen groeien. Blijkbaar is het adolescentenbrein goed uitgerust om een muziektalent tot bloei te laten komen. Adolescenten hebben immers, in vergelijking met jongere kinderen, een beter perspectief op hun eigen talenten. Ze zijn breder sociaal georiënteerd, doordat zij leren het perspectief van de ander in te nemen en te begrijpen dat hun talent betekenis kan hebben voor andere personen. Daarnaast ontwikkelen zij hun eigen perspectief op de wereld en kunnen dat integreren met hun talenten. Dit kan tot unieke composities leiden. Iedere adolescentengeneratie ontwikkelt immers weer nieuwe muziekstijlen.

Hoe precies de ontwikkeling van de hersenen bijdraagt aan de ontwikkeling van talenten is nog niet bekend. Vroeger werd wel gedacht dat met de juiste stimulatie ieder kind een muzikaal talent kon worden. Dit leidde tot ambitieuze ouders die hun kinderen uren lieten oefenen in de hoop dat zij een beroemdheid zouden worden. Ondertussen zijn onderzoekers van dit idee teruggekomen. Stimulatie is zeker belangrijk om talenten tot bloei te laten komen, maar er is ook een zogenaamde 'genetische predispositie' voor nodig. Iedereen wordt geboren met een bepaald genetisch pakket dat ervoor zorgt dat er, in samenkomst met de ervaringen die je opdoet na je geboorte, een uniek persoon ontstaat. Je hersenen zijn waarschijnlijk voorgevormd om bepaalde wegen makkelijk te bewandelen en andere juist moeilijker, zodat het voor de een gemakkelijk is om te leren pianospelen en een ander het na honderden lessen nog steeds niet onder de knie heeft. Maar hoe die verschillen in de hersenen ontstaan, en hoe de hersenen zich aanpassen tijdens training, dat is nog onbekend.

Wel is bekend dat bepaalde hersengebieden gevoelig zijn voor muziekbeoefening. Pianospelen doet bijvoorbeeld een groot beroep op motorische controle van je vingers. Je moet met veel precisie de kracht en locatie van je handbeweging kunnen coördineren, in samenkomst met een specifieke planning van de handbewegingen. Onderzoekers hebben onderzocht welke hersengebieden betrokken zijn bij deze motorische controle, en of hier verschillen zijn tussen ervaren en niet-ervaren muzikanten. Het bleek dat de representatie van je vingers gelokaliseerd is in een gebied in de motorische cortex. Zoals we hierboven al zagen is de motorische cortex een 'strook' in de hersenen waarop al onze lichaamsdelen gerepresenteerd zijn, waaronder ook de handen en vingers. Vingers bestrijken zelfs een vrij groot gebied van de motorische cortex, en dat is omdat deze vele zenuwcellen ervoor zorgen dat de vingers erg gevoelig zijn en goed onderscheiden kunnen worden. Zo zal je met veel overtuiging kunnen onderscheiden of iemand je ringvinger of je middelvinger aanraakt. Maar als iemand je rug of bovenarm aanraakt is het veel moeilijker om de exacte locatie terug te vinden. Dit komt omdat je rug of bovenarm minder zenuwcellen in je motorische cortex bestrijkt in vergelijking met je vingers.

De grootte van het gebied dat de vingers representeert is ook gevoelig voor ervaring en oefening, met andere woorden, dit gebied is erg plastisch. Zo hebben onderzoekers ontdekt dat als bij apen de middelvinger en ringvinger aan elkaar worden gehecht, dat na verloop van tijd het hersengebied wat deze twee vingers representeerde is samengetrokken. Hierdoor is er geen unieke locatie meer voor deze twee vingers apart, en zullen ze geen onderscheid meer kunnen maken tussen aanraking van de voormalige ringvinger en middelvinger. Bij muzikanten werkt het ook zo. Alleen hebben zij juist een extra grote representatie van hun vingers in de motorische cortex. Dit is niet verwonderlijk, want zij oefenen iedere dag met hun handen en zullen daarom deze hersen-

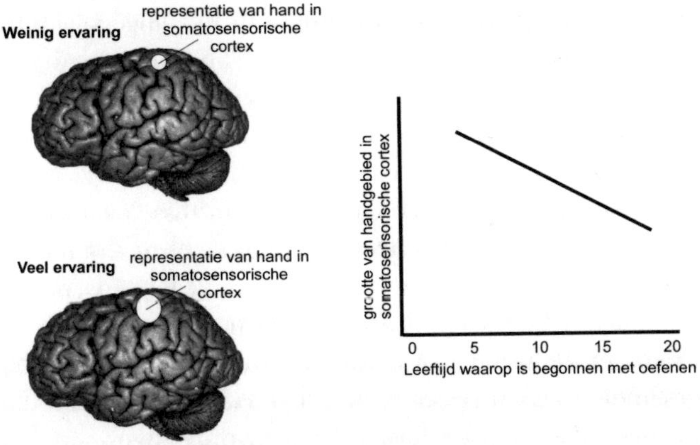

Illustratie van representatie van handgebied in de somatosensorische cortex van muzikanten met veel en weinig muziekervaring (links). Hoe eerder is begonnen met muziekbeoefening, hoe groter de representatie van het handgebied (rechts). Gebaseerd op resultaten uit Pantev et al. (*Annuals of the NY Academy of Science*, 2001).

gebieden extra goed getraind hebben om de gevoeligheid van de vingers te onderscheiden. Interessant is ook dat muzikanten die op jongere leeftijd zijn begonnen met oefenen, een grotere representatie van de vingers hebben in de motorische cortex dan muzikanten die op latere leeftijd zijn begonnen.

Dus, de vorming van de motorische cortex is op jonge leeftijd extra 'plastisch', of flexibel, en het is daarom een uitgelezen periode om deze extra goed vorm te geven. De hersengebieden van adolescenten die belangrijk zijn voor representatie van muzikale handelingen zijn dan nog extra vormbaar, en zij zijn steeds beter in staat om hun talenten af te stemmen op hun sociale wereld. Adolescenten zijn daarom ook een dankbare doelgroep voor festivals, talentenevenementen en kunst- en cultuurprojecten. Gelukkig maar, want de adolescentie is een unieke periode voor stimulatie van muzikaal en kunstzinnig talent.

Politieke drijfveren

Ten slotte, een laatste talent waar adolescenten in uitblinken is debatteren en discussiëren. Als we bedenken dat adolescenten creatieve denkwonders zijn, met een steeds grotere compassie voor sociale omstandigheden, dan zijn zij de uitgelezen groep om bij te dragen aan oplossingen voor bijvoorbeeld politieke problemen. Dit is vooral voor henzelf belangrijk als we spreken over veranderingen in het schoolsysteem of buitenschoolse projecten voor jongeren. Hier is het uiteraard belangrijk om niet alleen de leerkrachten te spreken, maar ook de jongeren zelf. De laatste jaren is er veel veranderd in de schoolsystemen waarbij momenteel de vraag rijst of jongeren niet te kampen hebben gehad met een te groot beroep op hun, nog niet volledig ontwikkelde, zelfstandigheid. Hierbij gaat het vooral om vragen als: moeten de jongeren niet te vroeg kiezen voor het uiteindelijke lessenpakket (profielkeuzes) en wordt er niet te veel van ze verwacht om zelfstandige planningen te kunnen maken, wat tot problemen kan leiden bij met name de jongeren met een gemiddelde of lagere intelligentie. In deze situatie is het nuttig om enerzijds onderzoek te doen naar leersystemen, zodat de interventies worden gebaseerd op onderzoek wat heeft aangetoond dat een bepaalde schoolvorm het beste werkte voor een specifieke groep jongeren. Anderzijds kan het veel opleveren om met deze jongeren in gesprek te gaan om hen een bijdrage te laten leveren aan de afstemming van het leersysteem.

Hebben jongeren eigenlijk ideeën over maatschappelijke problemen? Hoewel het misschien niet zo belangrijk voor hen is om hun ideeën te communiceren in een debat met volwassenen, spreken ze er onderling wel over. Ik was vorig jaar op een diploma-uitreiking van een middelbare school en sprak daar met een aantal leerlingen dat net geslaagd was. Ik vroeg aan hen wat ze het meeste zouden gaan missen aan hun middelbare school, en zij vertelden mij dat ze het meeste plezier hadden gehad in hun discussiegroepjes. In de pauze en in tussenuren discussieerden de jongeren met elkaar over niet de minste politieke problemen; zij bespraken hoe de oorlog in Irak moest worden opgelost, waarom het rookverbod in de horeca wel of niet zinvol was, en in de laatste tien minuten losten ze ook nog even het hongerprobleem in Afrika op. Of deze oplossingen mogelijk zijn en een constructieve bijdrage leveren kun je natuurlijk niet met zekerheid zeggen, maar op basis van het onderzoek dat hierboven is genoemd, kunnen we concluderen dat de ideeën van adolescenten niet meteen als naïef of onbruikbaar bestempeld hoeven te worden. Hun hersenen laten immers een explorerend vermogen toe dat kan leiden tot nieuwe creatieve inzichten, die in volwassen hersenen soms al zijn geëindigd in een ongewenste tunnelvisie. Op welke manier de politieke dialoog het beste tot stand kan komen is nog de vraag, maar hersenonderzoek geeft aan dat de dialoog in ieder geval heel nuttig kan zijn.

Tot slot

De scenario's die hierboven beschreven staan tonen aan dat adolescentenhersenen tot veel in staat zijn, waarvan hier slechts vier voorbeelden besproken zijn. De laatste jaren is er steeds meer aandacht gekomen voor adolescenten en hun puberende hersenen, de adolescenten komen hierdoor niet altijd positief in het nieuws. In dit boek heb ik willen laten zien dat de moeizame planning, de zoektocht naar uitdagingen en spanning, en de waarde die gehecht wordt aan de mening van vrienden, gestuurd worden door veranderingen in de hersenen. Deze veranderingen zijn soms moeilijk en verwarrend, maar tegelijkertijd ook heel normaal. In dit hoofdstuk zagen we dat het gelukkig niet alleen een tijd is waarin we moeten afwachten tot de moeilijke hersenen weer makkelijk worden, want deze moeilijke hersenen bieden de adolescent volop mogelijkheden om zich te ontwikkelen tot een uniek individu. Voor iedereen die zich de adolescentie nog goed kan herinneren, denk maar eens terug: wat was uw talent?

Woord van dank

Wetenschappelijk onderzoek doe je niet alleen en ik heb dit boek alleen kunnen schrijven door alles wat ik geleerd heb van mijn leermeesters en medeonderzoekers. Ik ben mijn collega's, vooral de medewerkers van de afdeling ontwikkelingspsychologie en het Brain & Development Laboratorium in Leiden, dankbaar voor de fijne en inspirerende samenwerking. Ook dank ik collega's en familie die delen van het manuscript hebben willen proeflezen: Adrie Crone-Venneman, Menno de Haas, Linda van Leijenhorst, Serge Rombouts, Harry Uylings, Michiel Westenberg en Reinout Wiers. Ik heb dit boek geschreven terwijl ik in verwachting was, en rond de eerste weken na de geboorte van mijn dochter Sascha. Ik ben haar ook dankbaar, omdat ze er is en alles zo leuk maakt.

Bronnen

Adleman, N.E., Menon, V., et al. (2002), 'A developmental fMRI study of the Stroop color-word task'. *Neuroimage*, 16, 61-75.
Adolphs, R. (2003), 'Cognitive neuroscience of human social behavior'. *Nature Reviews*, 4, 165-178.
Anderson, S.W., Bechara, A., Damasio, H., Tranel, D. en Damasio, A.R. (1999), 'Impairment of social and moral behavior related to early damage in human prefrontal cortex'. *Nature Neuroscience*, 2, 1032-1037.
Arnet, J.J. (1999), 'Adolescent Storm and Stress, Reconsidered'. *American Psychologist*, 54, 317-326.
Arnett, J. (2000), 'Emerging adulthood: A theory of development from the late teens through the twenties'. *American Psychologist*, 55, 469-480.
Aron, A.R. en Poldrack, R.A. (2006), 'Cortical and subcortical contributions to Stop signal response inhibition: role of the subthalamic nucleus'. *Journal of Neuroscience*, 26, 2424-2433.
Aron, A.R., Robbins, T.W., et al. (2004), 'Inhibition and the right inferior frontal cortex'. *Trends in Cognitive Sciences*, 8, 170-177.

Baird, A.A. (2008), 'Moral reasoning in adolescence: The integration of emotion and cognition'. Sinnott-Armstrong, W. (red.), *Moral Psychology*. The MIT Press.
Baird, A.A. (2007), 'Behavioral and neurobiological metamorphosis in adolescence'. Presentatie bij de Adolescent Expert Meeting, Leiden, 2007.
Barcelo, F. en Knight, R.T. (2002), 'Both random and perseverative errors underlie WCST deficits in prefrontal patients'. *Neuropsychologia*, 40, 349-356.
Bartels, A. en Zeki, S. (2004), 'The neural correlates of maternal and romantic love'. *Neuroimage*, 21, 1155-1166.
Bechara, A., Damasio, A.R., Damasio, H. en Anderson, S.W. (1994), 'Insen-

sitivity to future consequences following damage to human prefrontal cortex'. *Cognition*, 50, 7-15.
Bechara, A., Damasio, H., Tranel, D. en Damasio, A.R. (1997), 'Deciding advantageously before knowing the advantageous strategy'. *Science*, 275, 1293-1295.
Blakemore, S.J. en Choudhury, S. (2006), 'Development of the adolescent brain: implications for executive function and social cognition'. *Journal of Child Psychology and Psychiatry and allied disciplines*, 47, 296-312.
Booth, J.R., Burman, D.D., et al. (2003), 'Neural development of selective attention and response inhibition'. *Neuroimage*, 20, 737-751.
Bos, W. van den, Dijk, E. van, Westenberg, P.M., Rombouts, S.A.R.B. en Crone, E.A. (in voorbereiding voor publicatie), *Brain Regions Supporting Reciprocity*. Brain & Development Laboratorium, 2008.
Braver, T.S., Cohen, J.D., et al. (2002), 'The role of prefrontal cortex in normal and disordered cognitive control: A cognitive neuroscience perspective'. *Principles of Frontal Lobe Function*. S.a. Knight. New York, NY, Oxford University Press, 428-447.
Broca, P. (1960), 'Remarks on the seat of the faculty of articulate language, followed by an observation of aphemia'. *Some papers on the Celebral Cortex*. Charles C. Thomas Publisher, Springfield, Illinois, 49-72.
Brocki, K.C. en Bohlin, G. (2004), 'Executive functions in children aged 6 to 13: a dimensional and developmental study'. *Developmental Neuropsychology*, 26, 571-593.
Brooks-Gunn, J. en Warren, M.P. (1998), 'Biological and social contributions to negative affect in young adolescent girls'. *Child Development*, 60, 40-55.
Brooks-Gunn, J., Graber, J.A. en Paikoff, R.L. (1994), 'Studying links between hormones and negative affect: Models and measures'. *Journal of Research on Adolescence*, 4, 469-486.
Brown, B. (2004), 'Adolescents' relationships with peers'. R. Lerner en L. Steinberg (red.), *Handbook of Adolescent Psychology* (2de ed.). New York: Wiley.
Brown, T.T., Lugar, H.M., et al. (2005), 'Developmental changes in human cerebral functional organization for word generation'. *Cerebral Cortex*, 15, 275-290.
Brown, T.T., Petersen, S.E., et al. (2006), 'Does human functional brain organization shift from diffuse to focal with development?' *Developmental Science*, 9, 9-11.
Buchanan, C.M., Eccles, J. en Becker, J. (1992), 'Are adolescents the victims of raging hormones? Evidence for activational effects of hormones on moods and behavior at adolescence'. *Psychological Bulletin*, 111, 62-107.

Bunge, S.A., Dudukovic, N.M., et al. (2002), 'Immature frontal lobe contributions to cognitive control in children: evidence from fMRI'. *Neuron* 33, 301-311.

Carskadon, M.A., Acebo, C. en Jenni, O.G. (2004), 'Regulation of adolescent sleep: Implications for behavior'. *Annuals of the New York Academy of Sciences*, 1021, 276-291.

Casey, B.J., Cohen, J.D., et al. (1995), 'Activation of prefrontal cortex in children during a nonspatial working memory task with functional MRI'. *Neuroimage*, 2, 221-229.

Casey, B.J., Tottenham, N., Liston, C. en Durston, S. (2005), 'Imaging the developing brain: What have we learned about cognitive development?' *Trends in Cognitive Science*, 9, 104-110.

Crone, E.A. en Molen, M.W. van der (2007), 'Development of decision making in school-aged children and adolescents: evidence from heart rate and skin conductance analysis'. *Child Development*, 78, 1288-1301.

Crone, E.A. en Molen, M.W. van der (2004), 'Developmental changes in real-life decision-making: performance on a gambling task previously shown to depend on the ventromedial prefrontal cortex'. *Developmental Neuropsychology*, 25, 251-279.

Crone, E.A., Ridderinkhof, K.R., et al. (2004), 'Switching between spatial stimulus-response mappings: a developmental study of cognitive flexibility'. *Developmental Science*, 7, 443-455.

Crone, E.A., Donohue, S.E., et al. (2006), 'Brain regions mediating flexible rule use during development'. *Journal of Neuroscience*, 26, 11239-11247.

Crone, E.A., Wendelken, C., Donohue, S., Leijenhorst, L. van en Bunge, S.A. (2006), 'Neurocognitive development of the ability to manipulate information in working memory'. *Proceedings of the National Academy of Sciences USA*, 103, 9315-9320.

Crone, E.A., Zanolie, K., Leijenhorst, L. van, Meel, C.S. van, Rombouts, S.A. en Westenberg, P.M. (2008), 'Brain regions underlying the development of performance monitoring'. *Cognitive, Affective and Behavioral Neuroscience*, 8, 165-177.

Curtiss, S. (red.), *Genie: Psycholinguistic Study of a Modern-day Wild Child*. Londen: Academic Press Inc., 1977.

Damasio, A.R. (1994), *Descartes' error*. New York: Grosset/Putnam.

Damasio, A.R. (1996), 'The somatic marker hypothesis and the possible functions of the prefrontal cortex'. *Philosophical Transactions of the Royal Society of London, Series B, Biological Sciences*, 351, 1413-1420.

Damasio, H., Grabowski, T., Frank, R., Galaburda, A.M. en Damasio, A.R. (1994), 'The return of Phineas Gage: clues about the brain from the skull of a famous patient'. *Science*, 264, 1102-1105.
Davidson, M.C., Amso, D., et al. (2006), 'Development of cognitive control and executive functions from 4 to 13 years: evidence from manipulations of memory, inhibition, and task switching'. *Neuropsychologia*, 44, 2037-2078.
Diamond, A. (2002), 'Normal development of prefrontal cortex from birth to young adulthood: cognitive functions, anatomy and biochemistry'. *Principles of Frontal Lobe Function*. S.a. Knight. Londen, Oxford University Press: 466-503.
Duijvenvoorde, A. van, Zanolie, K., Raaijmakers, M.E.J., Rombouts, S.A.R.B. en Crone, E.A. (in druk), 'Evaluating the negative or valuing the positive? A developmental fMRI study of feedback-based learning'. *Journal of Neuroscience*.
Durston, S., Thomas, K.M., et al. (2002), 'A neural basis for the development of inhibitory control'. *Developmental Science*, 5, F9-F16.
Durston, S., Davidson, M.C., et al. (2006), 'A shift from diffuse to focal cortical activity with development'. *Developmental Science*, 9, 1-8.

Eisenberg, N., Cumberland, A., Guthrie, I.K., Murphy, B.C. en Shepard, S.A. (2005), 'Age changes in prosocial responding and moral reasoning in adolescence and early adulthood'. *Journal of Research on Adolescence*, 15, 235-260.
Ekman, P., Campos, J., Davidson, R.J., Waal, F. de (2003), *Emotions Inside Out*. New York: Annals of the New York Academy of Sciences.
Ernst, M., Nelson, E.E., Jazbec, S., McClure, E.B., Monk, C.S., Leibenluft, E., et al. (2005), 'Amygdala and nucleus accumbens in response to receipt and omission of gains in adults and adolescents'. *Neuroimage*, 25, 1279-1291.
Eslinger, P.J., Flaherty-Craig, C.V., et al. (2004), 'Developmental outcomes after early prefrontal cortex damage'. *Brain and Cognition*, 55, 84-103.
Everitt, B.J., Belin, D., Economidou, D., Pelloux, Y., Dalley, J.W. en Robbins, T.W. (2008), 'Neural mechanisms underlying the vulnerability to develop compulsive drug-seeking habits and addiction'. *Philosophical Transactions of the Royal Society of London, Series B, Biological Sciences*.

Freud, A. (1958), 'Adolescence. Psychoanalytic study of the child, 15, 255-278.
Frith, U. en Frith, C.D. (2003), 'Development and neurophysiology of mentalizing'. *Philosophical Transactions of the Royal Society of London, Series B, Biological Sciences*, 358, 459-473.
Fuster, J.M. (2001), 'The prefrontal cortex – an update: Time is of the essence'. *Neuron*, 30, 319-333.

Gallese, V., Fadiga, L., Fogassi, L. en Rizzolatti, G. (1996), 'Action recognition in the premotor cortex'. *Brain*, 119, 593-609.
Gallese, V., Keysers, C., en Rizzolatti, G. (2004), 'A unifying view of the basis of social cognition'. *Trends in Cognitive Sciences*, 8, 396-403.
Galvan, A., Hare, T.A., Davidson, M., Spicer, J., Glover, G. en Casey, B.J. (2005), 'The role of ventral frontostriatal circuitry in reward-based learning in humans'. *Journal of Neuroscience*, 25, 8650-8656.
Galvan, A., Hare, T.A., Parra, C.E., Penn, J., Voss, H., Glover, G., et al. (2006), 'Earlier development of the accumbens relative to orbitofrontal cortex might underlie risk-taking behavior in adolescents'. *Journal of Neuroscience*, 26, 6885-6892.
Gardner, H. (1993), *Multiple Intelligences: The Theory in Practice*. New York: Basic Books.
Gardner, M. en Steinberg, L. (2005), 'Peer influence on risk taking, risk preference, and risky decision making in adolescence and adulthood: An experimental study'. *Developmental Psychology*, 41, 625-635.
Gazzaniga, M.S. (2004), *The Cognitive Neurosciences III*. Cambridge: The MIT Press.
Gehring, W.J. en Knight, R.T. (2000), 'Prefrontal-cingulate interactions in action monitoring'. *Nature Neuroscience*, 3, 516-520.
Gogtay, N., Giedd, J.N., Lusk, L., Hayashi, K.M., Greenstein, D., Vaituzis, A.C., et al. (2004), 'Dynamic mapping of human cortical development during childhood through early adulthood'. *Proceedings of the National Academy of Sciences USA*, 101, 8174-8179.
Goldman-Rakic, P. (1988), 'Topography of cognition – parallel distributed networks in primate association cortex'. *Annual Review of Neuroscience*, 11, 137-156.
Grafman, J. (1994), *Alternative Frameworks for the Conceptualization of Prefrontal Lobe Functions*. Amsterdam: Elsevier.
Greene, J.D., Sommerville, R.B., Nystrom, L.E., Darley, J.M. en Cohen, J.D. (2001), 'An fMRI investigation of emotional engagement in moral judgment'. *Science*, 293, 2105-2108.
Guroglu, B. (2008), *Development of Dyadic Peer Relationships: Friendships and Antipathies*. Proefschrift Radboud Universiteit Nijmegen.

Hall, G.S. (1904), *Adolescence: Its Psychology and its Relation to Physiology, Anthropology, Sociology, Sex, Crime, Religion, and Education (Vols. I & II.)*. Englewood Cliffs, NJ: Prentice-Hall.
Hartup, W.W. (1989), 'Social relationships and their developmental significance'. *American Psychologist*, 44, 120-126.

Heaton, R.K., Chelune, G.K., Talley, J.L., Kay, G.G. en Curtiss, G.W. (1993), *Wisconsin Card Sorting Test Manual: Revised and expanded.* Odessa, FL: Psychological Assessment Resources.
Herba, C. en Phillips, M. (2004), 'Annotation: Development of facial expression recognition from childhood to adolescence: behavioural and neurological perspectives'. *Journal of Child Psychology and Psychiatry and Allied Disciplines*, 45, 1185-1198.
Hooper, C.J., Luciana, M., Conklin, H.M. en Yarger, R.S. (2004), 'Adolescents' performance on the iowa gambling task: Implications for the development of decision making and ventromedial prefrontal cortex'. *Developmental Psychology*, 40, 1148-1158.
Huettel, S.A., Sing, A.W. en McCarthy, G. (2004), *Functional Magnetic Resonance Imaging*. Sunderland, Massachusetts: Sinauer Associates, Inc.
Huizinga, M., Dolan, C.V., et al. (2006), 'Age-related change in executive function: Developmental trends and a latent variable analysis'. *Neuropsychologia*, 44, 2017-2036.

Kandel, D.B. (1996), 'The parental and peer contexts of adolescent deviance: An algebra of interpersonal influences'. *Journal of Drug Issues*, 26, 289-316.
Kaplan, R.M. en Saccuzzo, D.P. (2005), *Psychological Testing: Principles, Applications, and Issues*. Belmont, CA: Thomson Wadsworth.
Killgore, W.D.S., Oki, M. en Yurgelun-Todd, D.A. (2001), 'Sex-specific developmental changes in amygdala response to affective faces'. *Neuroreport*, 12, 427-433.
Klingberg, T., Forssberg, H., et al. (2002), 'Increased brain activity in frontal and parietal cortex underlies the development of visuospatial working memory capacity during childhood'. *Journal of Cognitive Neuroscience*, 14, 1-10.
Kohlberg, L. (1979), 'Justice as reversibility'. P. Laslett en J. Fishkin (red.), *Philosophy, Politics and Society*, Fifth Series. Blackwell.
Kwon, H., Reiss, A.L. en Menon, V. (2002), 'Neural basis of protracted developmental changes in visuo-spatial working memory'. *Proceedings of the National Academy of Sciences USA*, 99, 13336-13341.

LeDoux, J. (1996), *The Emotional Brain*. Simon & Schuster, New York.
Leijenhorst, L. van, Meel, C.S. van, Zanolie, K., Westenberg, P.M., Rombouts, S.A.R.B. en Crone, E.A. (ter publicatie aangeboden), *Neural Regions Supporting Risk Anticipation and Outcome Processing across Adolescence.* Brain & Development Laboratorium, 2008.
Leijenhorst, L. van, Westenberg, P.M. en Crone, E.A. (2008), 'A develop-

mental study of risky decisions on the cake gambling task: Age and gender analyses of probability estimation and reward evaluation'. *Developmental Neuropsychology*, 33, 179-196.
Lejuez, C.W., Aklin, W.M., Zvolensky, M.J. en Pedulla, C.M. (2003), 'Evaluation of the balloon analogue risk task (BART) as a predictor of adolescent real-world risk-taking behavior'. *Journal of Adolescence*, 26, 475-479.
Licht, R., Bakker, D.J., Kok, A. en Bouma, A. (1988), 'The development of lateral event-related potentials (ERPS) related to word naming: a four year longitudinal study'. *Neuropsychologia*, 26, 327-340.
Liegeois, F., Connely, A., Baldeweg, T. en Vargha-Khadem, F. (in druk), 'Speaking with a single cerebral hemisphere: fMRI language organization after hemispherectomy in childhood'. *Brain and Language*.
Limb, C.J. en Braun, A.R. (2008), 'Neural substrates of spontaneous musical performance: an fMRI study of jazz improvisation'. *PLoS ONE*, 27, e1679.
Loevinger, J. (1985), 'Revision of the sentence completion test for ego development'. *Journal of Personality and Social Psychology*, 48, 420-427.
Luna, B. en Sweeney, J.A. (2004), 'The emergence of collaborative brain function: fMRI studies of the development of response inhibition'. *Annuals of the New York Academy of Sciences*, 1021, 296-309.

May, J.C., Delgado, M.R., Dahl, R.E., Stenger, V.A., Ryan, N.D., Fiez, J.A. en Carter, C.S. (2004), 'Event-related functional magnetic resonance imaging of reward-related brain circuitry in children and adolescents'. *Biological Psychiatry*, 55, 359-366.
Miller, E.K. en Cohen, J.D. (2001), 'An integrative theory of prefrontal cortex functioning'. *Annual Review of Neuroscience*, 24, 167-202.

Nelson, E., Leibenluft, E., McClure, E., en Pine, D. (2005), 'The social reorientation of adolescence: a neuroscience perspective on the process and its relation to psychopathology'. *Psychological Medicine*, 35, 163-174.
Neufang, S., Specht, K., Hausmann, M., Gunturkun, O., Herpertz-Dahlmann, B., Fink, G.R. en Konrad, K. (in druk), 'Sex Differences and the Impact of Steroid Hormones on the Developing Human Brain'. *Cerebral Cortex*.

O'Brien, S.F. en Bierman, K.L. (1988), 'Conceptions and perceived influence of peer groups: Interviews with preadolescents and adolescents'. *Child Development*, 59, 1360-1365.
Olesen, P.J., Nagy, Z., et al. (2003), 'Combined analysis of DTI and fMRI data reveals a joint maturation of white and grey matter in a fronto-parietal

network'. *Cognitive Brain Research*, 18, 48-57.
Overman, W.H., Frassrand, K., et al. (2004), 'Performance on the IOWA card task by adolescents and adults'. *Neuropsychologia*, 42, 1838-1851.

Pantev, C., Engelien, A., Candia, V. en Elbert, T. (2001), 'Representational cortex in musicians. Plastic alterations in response to musical practice'. *Annuals of the New York Academy of Sciences*, 930, 300-314.
Paus, T., Collins, D.L., Evans, A.C., Leonard, G., Pike, B. en Zijdenbos, A. (2001), 'Maturation of white matter in the human brain: a review of magnetic resonance studies'. *Brain Research Bulletin*, 54, 255-266.
Phelps, E.A., O'Conner, K.J., Gatenby, J.C., Grillon, C., Gore, J.C., en Davis, M. (2001), 'Activation of the left amygdale to a cognitive representation of fear'. *Nature Neuroscience*, 4, 437-441.
Piaget, J. (1952), *The Origin of Intelligence in Children*. New York, International Universities Press.
Pollak, T.A., Mulvenna, C.M. en Lythgoe, M.F. (2007), 'The NOVO artistic behaviour following brain injury'. *Frontiers of Neurology and Neuroscience*, 22, 75-88.

Qin, Y., Carter, C.S., Silk, E.M., Stenger, V.A., Fissell, K., Goode, A. en Anderson, J.R. (2004), 'The change of the brain activation patterns as children learn algebra equation solving'. *Proceedings of the National Academy of Science USA*, 101, 5686-5691.

Raven, J. en Raven, J. (2003), 'Raven Progressive Matrices'. R.S. McCallum (red.), *Handbook of Nonverbal Assessment* (p. 223-240). New York: Kluwer Academic/Plenum Publishers.
Resing, W.C.M. en Drenth, P.J.D. (2001), *Intelligentie: weten en meten* (p. 1-192). Amsterdam: Uitgeverij Nieuwezijds.
Rilling, J.K., Gutman, D.A., Zeh, T.R., Pagnoni, G., Berns, G.S. en Kilts, C.D. (2002), 'A neural basis for social cooperation'. *Neuron*, 35, 395-405.
Rivera, S.M., Reiss, A.L., Eckert, M.A. en Menon, V. (2005), 'Developmental changes in mental arithmetic: evidence for increased functional specialization in the left inferior parietal cortex'. *Cerebral Cortex*, 15, 1779-1790.
Rubia, K., Russell, T., et al. (2001), 'Mapping motor inhibition: conjunctive brain activations across different versions of Go/No-Go and stop tasks'. *Neuroimage*, 13, 250-261.

Sanfey, A.G., Rilling, J.K., Aronson, J.A., Nystrom, L.E. en Cohen, J.D. (2003), 'The neural basis of economic decision-making in the Ultimatum Game'. *Science*, 300, 1755-1758.

Schaffer, H.R. (1996), *Social Development*, Oxford Blackwell.
Schroeter, M.L., Zysset, S., et al. (2004), 'Prefrontal activation due to Stroop interference increases during development—an event-related fNIRS study'. *Neuroimage*, 23, 1317-1325.
Selman, R.L. (1980), *The Growth of Interpersonal Understanding: Development and Clinical Analyses*. New York: Academic Press.
Shaw, P., Greenstein, D., Lerch, J., Clasen, L., Lenroot, R., Gogtay, N., Evans, A., Rapoport, J. en Giedd, J. (2006), 'Intellectual ability and cortical development in children and adolescents'. *Nature*, 440, 676-679.
Simons-Morton, B., Lerner, N. en Singer, J. (2005), 'The observed effects of teenage passengers on the risky driving behavior of teenage drivers'. *Accident Analysis and Prevention*, 37, 973-982.
Singer, T. (2007), *The Neuronal Basis of Empathy and Fairness*. Novartiss Foundation Symposium.
Sisk, C.L. en Foster, D.L. (2004), 'The neural basis of puberty and adolescence'. *Nature Neuroscience*, 7, 1040-1047.
Sisk, C.L. en Zehr, J.L. (2005), 'Pubertal hormones organize the adolescent brain and behavior'. *Frontiers in Neuroendocrinology*, 26, 163-174.
Smetana, J.G. (2006), 'Social domain theory: Consistencies and variations in children's moral and social judgments'. M. Killen en J.G. Smetana (red.), *Handbook of Moral Development* (p. 119-154). Mahwah, NJ: Erlbaum.
Somsen, R.J., Molen, M.W. van der, et al. (2000), 'Wisconsin Card Sorting in adolescents: analysis of performance, response times and heart rate'. *Acta Psychologica*, 104, 227-257.
Sowell, E.R., Thompson, P.M., Leonard, C.M., Welcome, S.E., Kan, E. en Toga, A.W. (2004), 'Longitudinal mapping of cortical thickness and brain growth in normal children'. *Journal of Neuroscience*, 24, 8223-8231.
Stams, G.J., Brugman, D., Dekovic, M., Rosmalen, L. van, Laan, P. van der en Gibbs, J.C. (2006), 'The moral judgment of juvenile delinquents: A meta-analysis'. *Journal of Abnormal Child Psychology*, 34, 697-713.
Steinberg, L. (2004), 'Risk taking in adolescence: What changes and why?' *Annuals of the New York Academy of Sciences*, 1021, 51-58.
Steinberg, L. (2005), 'Cognitive and affective development in adolescence'. *Trends in Cognitive Sciences*, 9, 69-74.
Steinberg, L. en Morris, A.S. (2001), 'Adolescent development'. *Annual Reviews of Psychology*, 52, 83-110.
Stroop, J.R. (1935), 'Studies of interference in serial verbal reactions'. *Journal of Experimental Psychology*, 18, 643-662.

Tamm, L., Menon, V., et al. (2002), 'Maturation of brain function associated with response inhibition'. *Journal of the American Academy of Child and Adolescent Psychiatry*, 41, 1231-1238.
Thomas, K.M., Drevets, W.C., Whalen, P.J., Eccard, C.H., Dahl, R.E., Ryan, N.D., et al. (2001), 'Amygdala response to facial expression in children and adults'. *Biological Psychiatry*, 49, 309-316.

Uylings, H.B.M. (2006), 'Development of the human cortex and the concept of "critical" or "sensitive" periods'. *Language Learning*, 56, 59-90.

Wade, A.M., Lawrence, K., Mandy, W. en Skuse, D. (2006), 'Charting the development of emotion recognition from 6 years of age'. *Journal of Applied Statistics*, 33, 297-315.
Wager, T.D. en Smith, E.E. (2003), 'Neuroimaging studies of working memory: a meta-analysis'. *Cognitive, Affective and Behavioral Neuroscience*, 3, 255-274.
Wechsler, D. (1939), *The Measurement of Adult Intelligence*. Baltimore: Williams & Wilkins, 229.
Welsh, M.C., Pennington, B.F., et al. (1991), 'A normative-developmental study of executive function in children'. *Developmental Neuropsychology*, 7, 131-149.
Westenberg, P.M., Hauser, S.T., en Cohn, L.D. (2004), 'Sentence completion measurement of psychosocial maturity'. M.J. Hilsenroth en D.L. Segal (red.), *Personality Assessment* (p. 595-616). Volume 2 in M. Hersen (hoofdred.), *Comprehensive Handbook of Psychological Assessment*. Hoboken, NJ: John Wiley & Sons.
Wildenberg, W.P.M. van den en Molen, M.W. van der (2004), 'Developmental trends in simple and selective inhibition of compatible and incompatible responses'. *Journal of Experimental Child Psychology*, 87, 201-220.

Zelazo, P.D. (2004), 'The development of conscious control in childhood'. *Trends in Cognitive Sciences*, 8, 12-17.
Zuckerman, M., Eysenck, S. en Eysenck, H.J. (1978), 'Sensation seeking in England and America: cross-cultural, age, and sex comparisons'. *Journal of Consulting and Clinical Psychology*, 46, 139-149.

Register